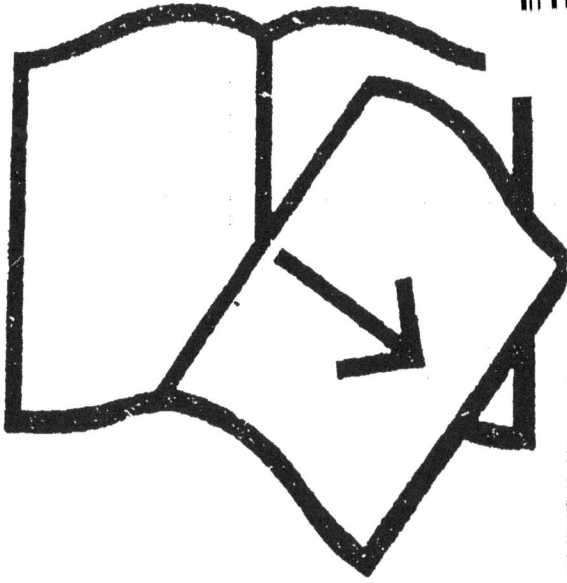

Couvertures supérieure et inférieure
manquantes

Quelques Livres

82

OUVRAGES DU MÊME AUTEUR

Comic-Salon (VANIER).
L'Année Fantaisiste, tome   I (DELAGRAVE).
—   —   tome II   —
—   —   tome III   —
—   —   tome IV   —
—   —   tome V   —
Soirées Perdues (TRESSE ET STOCK).
La Mouche des Croches (FISCHBACHER).
Une Passade (FLAMMARION).
Entre deux Airs (FLAMMARION).

OUVRAGES EN COLLABORATION

Lettres de l'Ouvreuse, avec Alfred Ernst (VANIER).
Bains de Sons, avec Alfred Ernst (SIMONIS-EMPIS).
Rythmes et Rires, avec Alfred Ernst (BIB. DE LA PLUME).
Histoires Normandes, avec Léo Trézenik (OLLENDORFF).
Les Enfants s'amusent, avec Pierre Veber (SIMONIS-EMPIS).

EN PRÉPARATION

Poissons d'Avril (SIMONIS-EMPIS).
Apologues suggestifs, illustrés par Léon Lebègue.
Humour Yankee (CHAILLEY).

DÉSIGNATION DU TIRAGE

200 Exemplaires numérotés sur Annonay luxe.

HENRY GAUTHIER-VILLARS

(WILLY)

Quelques Livres

Année 1895

PARIS

BIBLIOTHÈQUE DE *LA CRITIQUE*

50, Boulevard Latour-Maubourg.

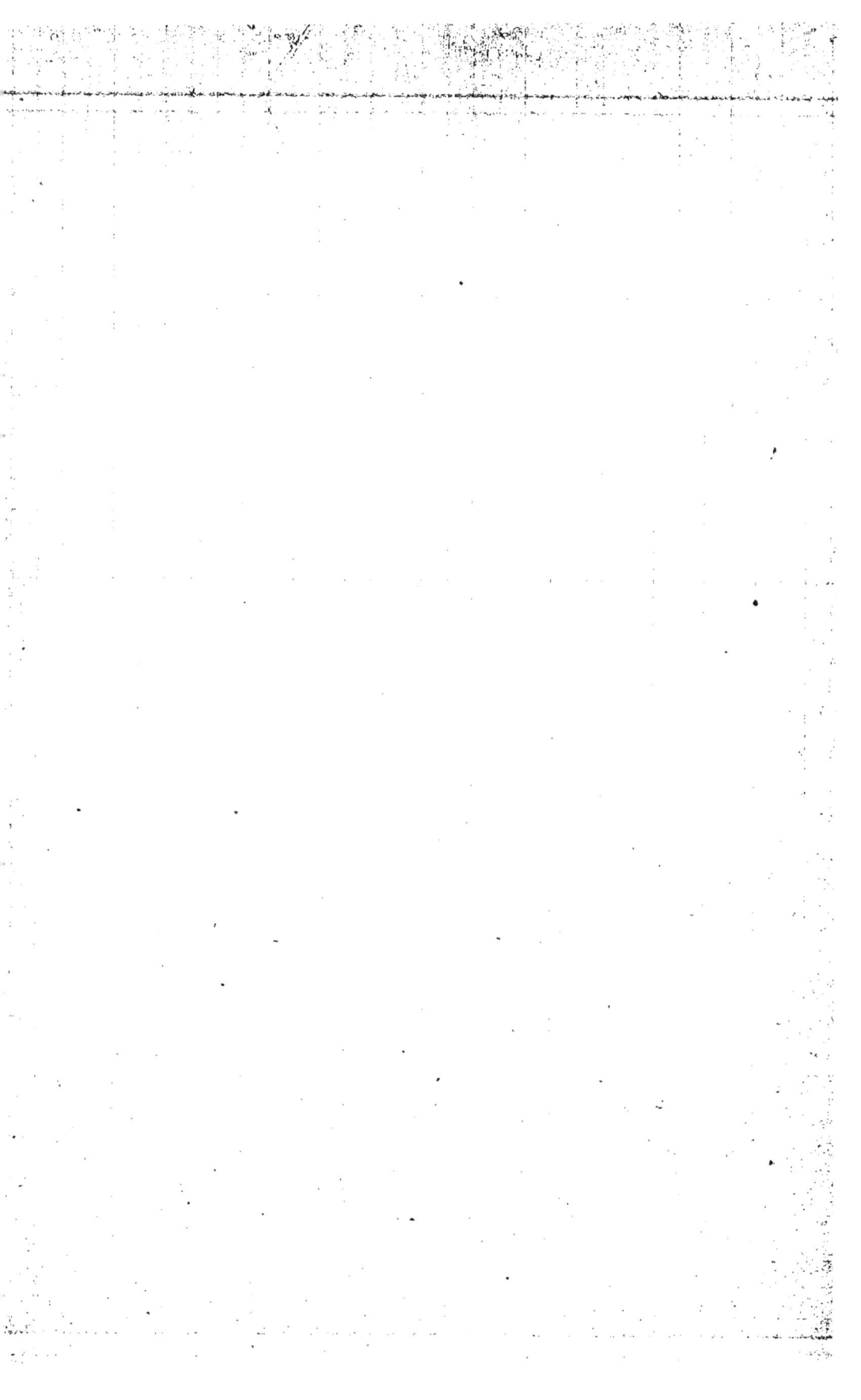

AVANT-PROPOS

On ne trouvera pas, ici, le compte rendu de tous les livres parus dans l'année, ni même des principaux, mais seulement l'analyse de ceux qui m'ont été envoyés.

L'impartialité de ces pages n'est pas absolue. Il est trop évident que j'ai dû incliner à l'indulgence, parlant de tel bouquin confectionné par un ami, hélas!

Du moins chaque fois que j'ai été contraint de semer trop de fleurs imméritées sur un roman faiblot, j'ai compensé — Comment ? — En nuançant de sévérité l'appréciation qu'il me fallait porter sur une œuvre de mérite, mais signée d'un nom inconnu.

O Azaïs !

H. G.-V.

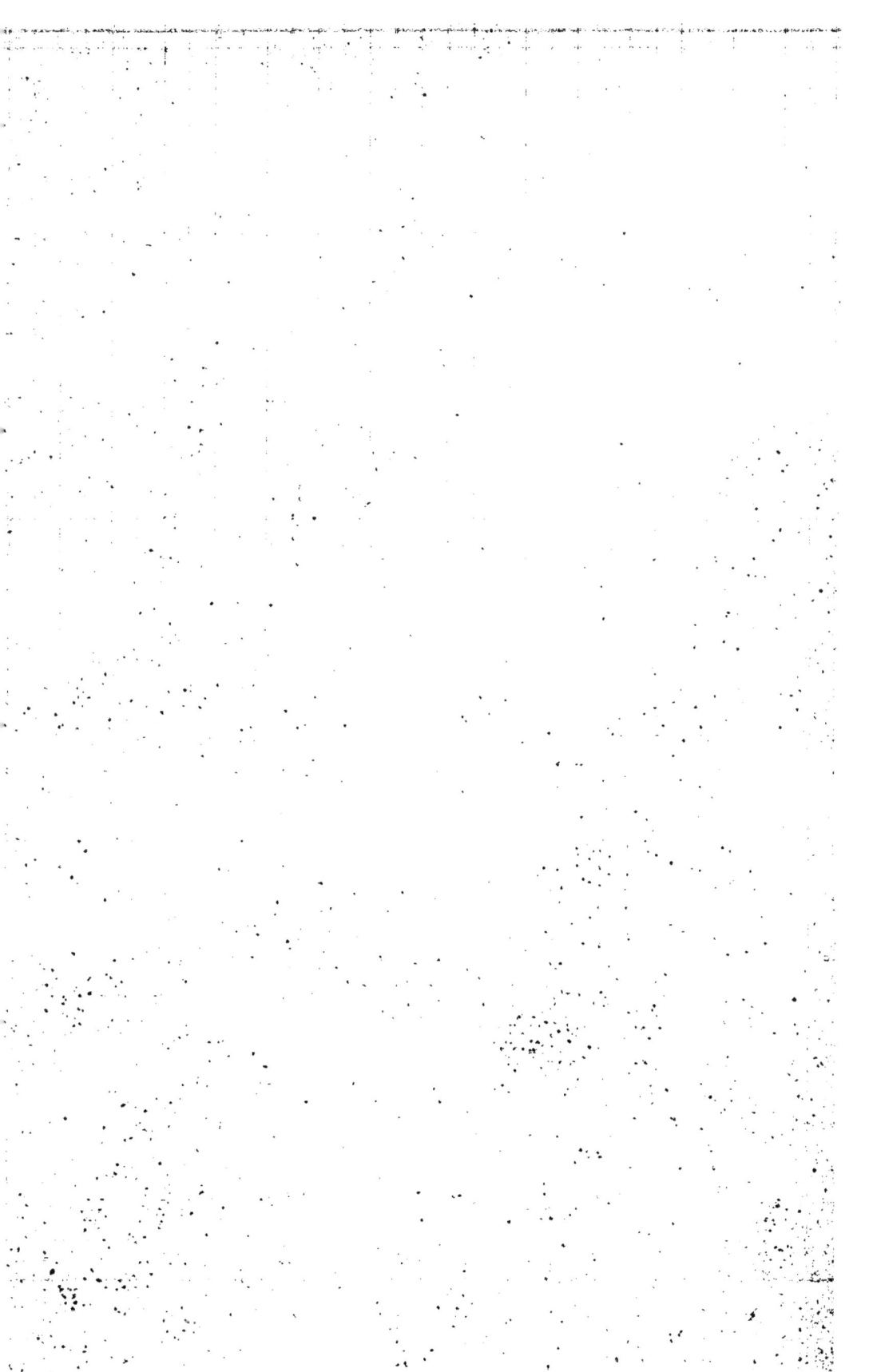

Le Puits de Sainte-Claire

Bien longtemps avant que le R. P. Adone Doni eût conté les légendes qui se succèdent harmonieusement en ce volume, Anatole France les avait sinon entendues, du moins écrites et publiées. Nous avions vu, tour à tour, peu à peu, trépasser Fra Mino, bon prêtre de Jésus-Christ étouffé par les sorcières, messer Guido Calvalcanti mort d'amour pour la philosophie, et Mme Eletta de Vérone expirant avec son dernier souffle ce vœu sacrilège : « *Satanas trado tibi corpus meum cum anima mea.* », nous avions vu Buffalmaco s'amuser, Bonaparte s'attarder à Florence chez un chanoine octogénaire, et le petit frère Junipère scandaliser le monde de sa vertu. Les formules par lesquelles Anatole France nous promettait la suite d'un récit « dans sept fois vingt-quatre heures, dont vous passerez la moitié à dormir » ont disparu et nous y avons gagné un adorable prologue qu'il ne faut pas aimer seulement pour la splendeur molle et lasse du paysage italien, pour la douceur du conte où, dans la sérénité des eaux du puits, François aperçoit la sérénité de Claire, pour l'humeur riante et facile du cordelier, mais aussi pour ce nom d'Adone Doni, le plus joli qui soit ; son allitération toute délicieuse, suffit pour nous évoquer la grâce subtile des poètes de la décadence, la barbarie inquiète des poètes du moyen-âge, et dans son prénom (foin de l'exactitude étymologique) nous trouvons la majesté sombre et jalouse de l'Adonaï juif avec la beauté voluptueuse de l'Adonis grec : et c'est encore ici, si joliment, si sobrement, l'union et presque l'alliage du paganisme et du christianisme que nous trouvons dans les efforts des sonnets de Michel-Ange, du *de Transitu* de Budé, des commentaires dus à ces obscurs ouvriers qui sont les traducteurs du XVIe siècle, comme aussi dans certains contes d'Anatole France, notamment dans le *Saint-Satyre* qui ouvre la série.

Les récits du R. P. Adone Doni voilés d'une grâce d'Italie, discrète et douce, parfumés de piété sceptique, nous chantent les mystères des religions mortes et des civilisations puissamment terribles en leur survie, ils chantent la tristesse des choses, les Dieux, la Volupté, la Mort. — Ce troublant et délicieux Saint-Satyre nous aide à comprendre la prise de possession confuse et obscure du moyen-âge par l'antiquité ; encore un coup, c'est le chaînon qui unit le paganisme au christianisme de ces siècles de terreur et de fer.

Mais entre tous ces récits d'une naïveté savante et d'une traitresse douceur, ces hymnes au Plaisir, au Péché, à des divinités mysté-rieuses, il en est un qui mérite de nous retenir plus longtemps, et veut une attention plus grande : *l'Humaine Tragédie*. En générali-sant ainsi cette épopée, qui est aussi une élégie, Anatole France a voulu indiquer qu'il ne racontait pas seulement l'héroïsme et le malheur de Fra Giovanni, mais encore l'homme en sa vertu et en sa faiblesse. C'est peu après l'explosion du Palais-Bourbon que Frère Junipère (ainsi s'appelait à cette époque le disciple de Saint-François) trouva dans l'ombre maligne des prisons de Viterbe un homme qui, chargé de meurtres exemplaires, ressemblait étrange-ment, parmi la nuit des siècles, en l'horreur propice du moyen-âge, à ceux qui veulent purifier les villes coupables par le fer et le feu. Peut-être les paroles de mansuétude que dut trouver le prisonnier sans macule à l'adresse de ce violent ont-elles, par delà les murs de la geôle, apaisé les justiciers frémissants qui voulaient le bonheur public avec trop de force et d'âpreté...

Cette *Humaine Tragédie*, navrante et si belle, m'apparait comme une illustration de *Thaïs ;* c'est la même démonstration de l'inutili-té du Bien, plus sévère, plus concise, plus désolante en son sourire plus âpre. Paphnuce, avec toutes ses vertus, était promis à l'Enfer par les troubles charnels qui l'avaient agité jadis, et qui sommeil-laient sous l'austérité de sa robe de bure, par la science même acquise en cette école qui était Alexandrie. Personne au contraire n'a pu sembler aussi prédestiné que Fra Giovanni. Ignorant et simple, son humilité lui permet de dire et d'accomplir des choses sublimes, de braver les plus redoutables attaques du Démon marchant sous les apparences d'une veuve voilée, par les chemins bordés de térébinthes, ou, tel un saint évêque appuyé sur sa crosse d'or, dans la prairie en fleurs. Fortifié dans son corps et dans son âme par les envoyés de Dieu, il impose la charité aux moines, la résignation aux lépreux, la vertu à tous ; parce qu'il ne sait rien, il sait tout, et son ignorance surpasse en l'amour de Dieu tous les docteurs en théologie. Servant, comme Saint-François, de ces deux dames parfaitement belles, la Pauvreté et l'Obéissance, il lui est donné, plus heureux en cela que le fils de Bernadone, d'acquérir la volupté suprême du martyre ; et voici qu'au dernier moment, alors que déjà la corde qui doit lui ouvrir les douceurs du ciel se balance gaiement sous le sourire de l'aurore, Giovanni renonce à tout ce qui avait été pour lui joie et consolation, il renonce à la mort, au ciel, à sa foi, le désir lui vient de respirer le jour sous les pins qui sonnent au vent avec la douceur triste de la flûte, et c'est après la plus édifiante série de belles actions que Dieu, en un dédain incompréhensible, permet qu'il goûte le fruit de la science, qu'il boive le doute comme du vin — et le livre au Prince des Hommes.

Est-il téméraire d'affirmer que l'ironie mélancolique du conteur veut, par delà la vertu falote de son héros, atteindre le souvenir toujours présent de Saint-François ? Car enfin le protégé de M. Sabatier n'a jamais connu les conseils des cachots de Viterbe, et si le démon ne lui a pas épargné ses assauts, ce n'était pas le démon idéal conçu par Anatole France, le docteur Subtil, l'irrésistible ange noir aussi beau que Saint-Michel, apparaissant au Pur avec des yeux de femme qui brillent sous un voile. Au pauvre de N. S. J. C., il n'a peut-être manqué que l'occasion.

Sans doute M. Anatole France a dû ressentir la tentation de nous montrer, en même temps que la damnation de l'innocent Giovanni, la béatitude de Satan qui viendrait étonner et embellir le ciel de sa Beauté troublante et ambiguë ; quelque jour il nous dira — et déjà il la laisse pressentir — la rédemption finale de l'archange méditatif.

M. France n'a pas voulu finir sur cette impression désolante son livre où sourit, si amical, ce Buffalmacco lourdement facétieux, mais moins féroce en somme que ces peintres de la fin du XVI⁰ siècle dont le savant Gebhart nous relate sans trop de sévérité les tragi-

ques plaisanteries, garçons de cuisine laissés pour morts, ou
confrères assassinés jovialement.

Ce n'est pas sans motif que *Bonaparte à San Miniato* termine le
volume, car il se joint à *Saint-Satyre* où se perçoit l'union de l'antiquité païenne et du moyen âge chrétien, tandis que lui-même
représente l'union du moyen âge et des temps modernes; ici
comme là, Jadis s'impose à Aujourd'hui. Sur fra Mino qui meurt
étouffé par les stryges et n'avait que faire de Saint-Satyre, sur le
général Bonaparte qui n'avait que faire du vieux chanoine Buona-
parte, des cadolinges lombards et de fra Bonaventura, sur tout le
Présent, le Passé étend sa tyrannie bienfaisante et merveilleuse. Et,
grâce à ces deux contes, le livre a une unité parfaite, une unité
impérieuse et douce.

La Vie et les Mœurs

Tel j'ai connu mon ami Doumic sur les bancs — aux échardes
insuffisament rabotées — de Condorcet, tel je l'ai retrouvé dans
la bagarre littéraire, fin, courtois, sceptique un peu. Il excelle à
semer, fleurettes d'ironie et de tristesse, ses sensations, ses idées
sur les évènements, sur la disette d'évènements de la vie courante,
sur les fantoches que sont nos grands hommes, sur les pauvres gens
que sont les snobs et les poètes, et les femmes d'écrivains, et les
masques, et nous tous. De ces pages discrètes publiées au jour le
jour sous le prétexte et le leurre de l'actualité, René Doumic a su
composer un livre homogène; le lien subtil qui unit une dissertation
ingénieuse sur la Mort de la critique à une Exhortation à se traves-
tir, un couplet sur les Morts heureux à une Oraison funèbre de
Rome (la « Rome » à Zola), une Interview-charge à une Méditation
sur les béguines, c'est la douceur et la mélancolie qui serpentent
parmi « cette fantaisie et cette raison ». Derrière le portrait
sournoisement caricatural de Delphine Gay, derrière la tombe et
l'ombre pâlotes d'Anaïs Segalas et de Félicia Rosmer, derrière les

mots d'une jolie ironie un peu pincée (comme : « M. Zola a conscience d'être la plus haute personnalité littéraire de son temps, Il ne s'en cache pas, car il n'y a pas de honte »), en un demi-jour propice, nous voyons se profiter la figure ascétique, — si affable et si têtue — de l'auteur, telle que l'ont montrée jadis les Veber's, d'une plume qui par extraordinaire se faisait bienveillante, d'un crayon qui par miracle devenait amène. — Ces paradoxes sur l'ironie, ces plaidoyers pour Agnès, ces apologues d'une amertume subtile, tout ce livre de sensibilité aigüe et d'intelligente émotion n'est qu'un commentaire de la plainte « Les délicats sont malheureux ». Et ses lecteurs trouveront du charme à cette souffrance que René Doumic sait aimer, dire, transmettre.

Le Frisson de Paris

Horreur savoureuse de la correctionnelle, bohémianisme romanesque et dolent d'une reine de Bessarabie mélancolique, altesses royales errantes et douces, orages féconds, arbitres des élégances d'une ignominie *select*, sombres hôtels de la rue de Varenne, âmes troubles de cyclistes mondains, maisons sinistrement closes de Ville-d'Avray, aquarium délicieux de cocottes propriétaires, voilà le décor du roman d'Abel Hermant.

C'est parmi ces accessoires de haut goût, parmi des personnages admirablement névropathes, parmi le discret accompagnement d'une ironie à peu près perpétuelle, que nous voyons se dresser la figure peut-être sympathique du prince Michel Badisteano, innocemment escroc, entretenu, entremetteur et le reste, que nous voyons avancer empêtrée d'une Idylle royale, le cœur sec et sans amour, la princesse Hélène. Bientôt une haine jette l'un contre l'autre les deux époux « qui se sentent se raidir en une sorte de négation physique ». Et après ce drame, vient la comédie triste du lent adultère, de l'adultère banal avec n'importe qui, avec Bob, un vague « Petit démolisseur » aux culottes savamment bouffantes et aux subtils évanouissements entre deux virages, et la séparation, et les émotions changeantes du procès, et la déchéance résignée de Badisteano, après le suicide d'un Oscar Wilde bien parisien, titré marquis d'Effiat.

Ce qu'on ne saurait assez louer, c'est l'âpreté du tableau, en même temps que la bonne humeur du récit. L'âme plus ou moins naïve des exotiques, avec ses zézaiements, son inconscience, son indulgence aux compromis les plus agréablement lointains de l'honneur, l'âme des hommes du monde voluptueusement insoucieuse du devoir et de la dignité, sourit en ces pages narquoises. A peine si, sur cet entourage faisandé, s'estompent l'âme et le sourire adorables de la pauvre petite Samori, la danseuse angélique qui se tue par amour, un amour d'élégie pure, douce, pour un prince de clair-obscur, qui promène sa gentillesse menue parmi la Bessarabie et les Indes. Cet amour de la petite Samori est vraiment le seul amour qu'on rencontre dans ce roman, le seul amour qui peut croître, tranquille et unique, qui peut devenir assez grand pour faire mourir, dans ce tourbillon de brèves passades, de fausses passions, de désirs trop tôt assouvis, d'ennuis exaspérés et de vilenies suffocantes. Pour cette petite fille, combien de Catherine Beaujeu, de Mme de Culpe, d'Hélène Batisteano même ; pour cette sereine figure du prince Pierre, pour ce sombre et noble Mercœur, combien de Lanpessade, d'Effiat, de Bob et de Montrejeau !

On peut, à l'occasion de ce volume, s'amuser sans trop de difficultés à poser un nom sur chaque masque, à reconnaître chaque personnage du roman. Est-ce bien nécessaire ? En tous cas, les pantins du récit sont bien ceux que nous pouvons rencontrer chaque jour sans leur soupçonner des âmes aussi sales. Et quelle sobre tragédie ! A peine un coup de revolver ici ; un autre là, discrets tous deux. A peine un divorce, et un divorce si peu convaincu. Et c'est toujours dans la ville, évoluant à travers les manucures et les médailles bénies, les mêmes admirables rastaquouères, et parmi des fantoches tragiques, des adultères de vaudeville, des sensualités de cour d'assises, le même frisson très doux, à peine perceptible, le frisson qui fait mourir et qui fait vivre, le frisson de Paris.

———

Nos Maîtres

Ce sont des âmes qui passent, mélancoliques et superbes, qui nous éblouissent de leur lumière, qui nous réchauffent de leur tendresse ; c'est Jean-Sébastien Bach et Saint François d'Assise, c'est Beethoven et Descartes, c'est Renan et Jules Laforgue, et le rêve de ces morts se retrace en pages ardentes pour nous envelopper de sa magnificence. Ce sont des vivants qui passent tout près de nous, devinés jusqu'en leurs fibres les plus secrètes par une intelligence claire, subtile, savoureuse ; c'est Stéphane Mallarmé embué de majesté et de méditation, avec le prestige de ses visions et de sa Musique, c'est Anatole France harmonieux et profond, de qui le scepticisme s'attendrit en une ardente bonté « à la Dickens », c'est Léon Daudet auteur de ce frémissant pamphlet swiftien ennobli de tolstoïsme, c'est Marcel Schwob dont le souple génie se meut dans l'incroyable et le surnaturel comme, dans le Rhin, les nixes gardiennes de l'or, et c'est enfin, surtout, aimée d'un amour éperdu, la Nature, la Nature éternelle, la Mer au sourire innombrable, les Forêts profondes, mystérieuses et douces. Tous ces maîtres — poètes, philosophes, savants, arbres, — ceux qui vivent ignorés, ceux qui sont morts gorgés d'honneurs (et même M. Chevrillon qui vivote en petit renom), Teodor de Wyzewa les chérit et sait nous les faire chérir.

Son admiration n'est pas une admiration lointaine, qui, de très bas, timide et apeurée, monte en chancelant vers des âmes très hautes : c'est une admiration simplement admirable. Teodor de Wyzewa comprend les plus nobles artistes joliment, passionnément. Il entre dans leurs âmes, il se les assimile, et d'entendre frémir en lui l'âme de Mallarmé, de Wagner ou d'Anatole France, il peut dire la richesse, la splendeur, la grâce de ces âmes.

Ce recueil, composé de morceaux qui ont paru depuis huit ans dans les périodiques les plus divers, — dans la *Revue Wagnérienne* parmi des estampes brumeuses de Fantin-Latour(pardon, Bouyer !) et des contresens d'Edouard Dujardin, dans la *Revue Indépendante,* côtoyant des contes edgarpoétiques de Villiers et des chroniques d'une grâce maladive signées Laforgue, dans la *Revue Bleue* pour

l'étonnement des lecteurs accoutumés aux nets Bulletins de M. Laf-
fitte, — ce recueil a une parfaite unité ; *sibi constat*, depuis cet
hymne furieusement paradoxal mais délicieux à l' « Art wagnérien »
jusqu'à l'apologue mélancolique et féroce où sont célébrées les
joies de l'ignorance et les tristesses du savoir, en passant par les
variations tour à tour les plus jolies et les plus belles sur la superbe
d'esprit, sur l'ironie, et sur le prestige du Rêve. C'est que partout
Wyzewa nous offre son âme, cette âme inquiète et charmante,
qui, déjà, s'était offerte à nous avec les mots les plus chantants et
le rythme le plus insidieux dans les *Pèlerins d'Emmaüs* et dans
Valbert.

Cependant les forêts l'appellent, non pour leur sérénité mais pour
leur enseignement. Ce savant universel croit encore avoir quelque
chose à apprendre, cet homme qui sait toutes les langues veut étudier une langue encore, et cette langue, cette science, il les demande
aux arbres attendris. Au fond, ces forêts ne sont-elles pas les forêts
de Virgile, celles où la sœur d'Ariane — de quel amour blessée ! —
souhaitait reposer son corps navré par l'aiguillon d'Eros, celles où
Siegfried entendait l'oiseau merveilleux enseigner sa jeunesse indé-
cise ? Saint Bernard aurait pu écrire, peut-être : « *Nihil amplius in-
venies in silvis quam in libris ; silvas enim in libris, necnon in silvis
libros.* » Dites, Wyzewa, dans votre amour des forêts, y a-t-il pas
un peu de coquetterie d'Ecclésiaste ?

Snob

Des déboires d'un jeune gars quittant Argenton-sur-Creuse pour
installer à Paris sa gloire littéraire ; faire le livre le moins féroce et
le plus amusant qui soit, avec des peintures qui restent de brasseries
de femmes, d'âmes ratiocinatrices et expertes de journalistes, avec
les portraits très réels et très comiques de comédiens laborieusement
mélancoliques, d'étudiants innocemment escrocs et souteneurs,
avec une pièce d'une rosserie ingénue et souffreteuse, c'était une
entreprise malaisée ; Paul Gavault y a réussi. Il lui a suffi pour cela

de donner à son héros cette force : l'argent. C'est l'argent du père Duruet-Morandin, tanneur, qui empêche son fils de devenir (avec des roulements d'yeux romantiques, des extases démodées, des désespérances vieux jeu) un Chatterton-rasoir, qui l'empêche de verser dans la basse bohème, qui l'empêche, peut-être, d'avoir du talent. L'ami Paul Gavault — tant sa touche est discrète et jolie — ne rend pas son héros ridicule : Jean Duruet se laisse nommer Jehan d'Huruet, écrit des articulets du style distingué le plus commun, est grugé par ses amis et collabos qui veillent jalousement à ne pas l'abandonner à d'autres tapeurs, se bat avec un escroc de lettres qu'il est ensuite obligé d'arracher moyennant finances au commissaire de police ; il a des amours cocasses avec M⁽ᵉ⁾ Clo-Clo du *Fulmi-coton*, avec un bateau-omnibus de revue, avec une femme du monde chercheuse de talents ; il écrit une pièce d'honorable médiocrité, et, finalement, retourne à ses cuirs sans avoir jamais été tout à fait ridicule : on ne s'amuse pas de lui et l'ironie de Paul Gavault souligne les infortunes de Jean sans les rendre odieuses. Il le plaint avec un sourire, il sourit de lui sans le plaindre trop. Style sautillant, léger, vif, alerte, sans lyrisme et sans grossièreté : ici et là un pastiche adroit. Et pour finir par le commencement, à ce livre de résignation si piquante, l'ami Henry Céard donne une préface, subtile et chercheuse, à dessein de prouver que le roman ne se termine pas au moment où Jean réintègre la tannerie, qu'on revient de tout, même des peaux (quelquefois avec des guêtres prestigieuses et le grand cordon de la Légion d'Honneur) à dessein de prouver enfin qu'après avoir été littérateur-amateur, on peut exercer son amateurisme parmi les acclamations populaires et les honneurs les plus superflus, parmi les snobs de la Chambre et les snobs de lettres.

Rédemption

Parmi les hommes, les hommes de lettres haïssables que la Providence a confiés à notre époque, il en est un que l'on ne peut s'empêcher d'aimer : on le nomme (quand on le nomme) Monsieur Paul Brulat. Il est admirable.

De cette Car'hage où Flaubert forgea des phrases monstrueusement belles, il a rapporté une écriture belge; de chez les Pères Maristes de la Seyne, il a rapporté un protestantisme suisse; de la lecture des œuvres de Rousseau, il a tiré la philosophie de Victor Cousin; la Bible, lue avec passion, lui a révélé l'esthétique de M. Georges Ohnet; les tragédies auxquelles il a assisté de très près lui ont inspiré les feuilletons de la banalité la plus atroce, les plus attristants et les moins tristes qu'on puisse imaginer. Cet homme qui n'a jamais su ce qu'était une pensée, ne parle que pensée et penseurs; il les acclame avec une frénésie de bazar à treize; cet homme qui pour être le sous-Alexis de la décrépitude de M. Zola, ne connait même pas de vue le génie et le talent, ébranle les voûtes les moins timides des mots de talent et génie, et, sous prétexte qu'il existe trop de mauvais livres, il en fait de pires. C'est là de la meilleure humilité, de l'humilité la plus chrétienne. Or cette vertu toujours si précieuse est ici absolument nécessaire: jadis (les articles vont vite), M. Brulat disait que le manque d'idées originales, le défaut d'initiative et l'imitation quand même, malgré tout, caractérisent les écrivains juifs: n'était-ce pas là une auto-photographie?

.˙.

Dans une ode, *Henry Chambige, notes d'un ami*, publiée dans la « Revue indépendante » M. Brulat écrit: « J'allai le visiter le lendemain à la prison civile. Il me présenta à sa mère en lui disant: « Mère, mon ami qui ne m'a jamais abandonné. » Nous imaginons volontiers que le très subtil psychologue fit suivre sa phrase d'un « hélas! » à peine contenu.

Il est certain qu'aujourd'hui cet « hélas! » est devenu éperdu, affolé d'horreur. Car le plus terrible châtiment qui puisse atteindre M. Chambige est la lecture des œuvres de son ancien camarade de la Seyne. — A voir ce qu'il est devenu sous la plume de ce gendelettres bien intentionné, à voir les aventures piteuses, les sentiments plus piteux encore qui lui sont prêtés, le sympathique assassin doit éprouver, en sa perfection la plus complète, l'âpre volupté du remords. M. Paul Brulat, qui n'aime guère à chercher parmi les lointains du rêve ses inspirations et ses idées, les prend, en bon zoliste, de la réalité la plus proche. Il fut témoin à décharge dans l'affaire de Constantine ; il se porta garant pour un malheureux garçon qui, jadis, par amour de l'art, s'était embarrassé de dessins d'autrui et que cette particularité empêcha de se faire tuer par un monsieur quelconque ; sur ces faits-divers personnels, il construisit sa *Rédemption* ; procédé imité de M. Accius Plautus et de Publius Terentius, mais avec la naïveté la plus savoureuse et la maladresse la plus touchante, en plus.

Il nous montre, en une série d'images d'Epinal, Dominique, son lamentable héros, successivement infirmier réclusionnaire à Lambessa, libéré dolent, fils méconnu, assassin pardonné, désespéré pleurard, ouvrier acharné, journaliste de génie, ami de petit poitrinaire, fiancé de sœur de poitrinaire, puis, reconnu pour un lâche, chassé de partout, repoussé par sa fiancée, par les journaux qu'il a rendus prospères, par tous les patrons, et poussé peu à peu vers le refuge-abîme d'une réunion anarchiste.

On le voit, c'est ce qu'il y a de plus terrible au monde. Et la lecture de *Rédemption* nous laisse persuadés (du moins l'Auteur l'espère), que la société est presqu'aussi mal faite que les romans de M. Brulat. Pour que nul n'en ignore, en ses 334 pages, il place des conversations de forçats qui, condamnés pour des vétilles, font vibrer du fracas de leurs utopies la paix de l'infirmerie de la prison, cependant que Dominique, triste et doux, proteste et espère ; le romancier nous sert encore les théories nouvelles d'un millionnaire anarchiste dissertant sur les injustices de la destinée. Sur ces iniquités l'âme languide et vociferatrice de M. Brulat s'éplore ; elle s'éplore avec tant de conscience qu'il en oublie de construire son roman ; on se demande pourquoi Dominique n'essaie — et avec tant de succès ! — du journalisme, qu'après avoir été repoussé par les ouvriers : c'est peut-être pour témoigner aux journalistes tout le mépris qu'a pour eux leur confrère M. Brulat ? Soit.

Mais où l'auteur triomphe c'est dans les scènes de douceur torpide, celle, par exemple, où Dominique se rencontre avec le mari de la femme tuée par lui, le malheureux qui, depuis ce crime, traîne parmi l'horreur de Philippeville une existence d'élégie, de regrets, de douleur et de néant. Plusieurs fois le cocu-veuf a fait prévenir son ami qu'il le tuerait : Dominique pâlit et s'abandonne ; comme dirait Jules Renard, il n'attend qu'un signe pour rentrer sous terre ; mais le signe ne vient pas. Et le mari de s'écrier : « Tout

est fatalité! le vous pardonne! Je vous plains. Allez vous en, vous
êtes libre! »

Hé! hé! ne s'appelle-t-il pas Charles Bovary, ce pardonneur là?
Seul le style diffère.

J'aime, j'aime encore une autre scène, également belle et tragique, nous montrant le protagoniste de *Rédemption* qui, à deux jours
de son mariage, vient d'être déshonoré par un procès-verbal. La
famille de sa fiancée l'attend, frémissante. Le père s'érige en justi-
cier, en bourreau. Intrat Dominique, mais si triste, mais si noble
en sa détresse et en son désespoir, mais les yeux si joliment ombrés
par cette fatalité nouvelle que la colère de celui qui aurait pu devenir son beau-père tombe, et que sa simili-belle-mère lui murmure,
avec la douleur la plus digne, la plus amicale: « Vous comprenez,
nous ne pouvons plus vous donner Claire ; pourtant avant de partir,
vous mangerez bien un morceau avec nous? » Offre partant d'un
bon naturel, mais que décline Dominique avec la volonté bien ar-
rêtée de ne plus se nourrir que de ses larmes; il s'en va, d'un pas
pesant, d'un pas résigné, d'un pas résolu. Et son frère même qui
gagne des monceaux d'or au cercle, son frère ne le connaît plus.
Lamentable destinée! Livre plus lamentable encore!

. .
.

Regrettons que ce romancier n'ait pas appris à écrire. Il ne manque à *Rédemption* que la force, la vigueur, la tendresse et l'élégance: rien n'est mis en valeur, tout se traîne avec la même len-
teur, la même gaucherie, la même mollesse sèche, le même ennui;
c'est la monotonie la plus odieuse, c'est partout le même ton: les
anarchistes de la maison centrale parlent comme les ministres,
comme les journalistes, en gentlemen qui ont lu Tolstoï et Dostoïewski dans une traduction brabançonne. Or, apprenez que
cette « Histoire d'un homme sous la troisième République » (si
Zola n'est pas content!) n'est pas terminée: on nous annonce pour
bientôt l'*Ennemie* où M. Brulat placera des bombes empruntées
au *Trimardeur* de son ami George Bonnamour: allons! il y a encore
de beaux jours pour la gaîté française!

Passé l'Amour

« M. Charles Le Goffic n'a pas encore trente ans révolus, disait
hier le divin Anatole France, et pourtant il touche par son origine
au temps jadis ; il naquit contemporain des vieux âges... »

Si l'auteur de *Passé l'Amour* a situé aux premières années du siècle
l'Elégie qu'il nous chante, qu'il nous pleure, ce n'est pas seulement
pour donner à son œuvre, à ses héros (et ici le mot héros a toute sa
valeur), le charme du lointain, du passé, des robes Empire, ce n'est
même pas pour l'amour de cette jolie chose qu'est un subterfuge
littéraire auquel personne ne croit, auquel on ne veut faire croire
personne : c'est que ses personnages ne pouvaient pas vivre à une
autre époque, à la nôtre surtout, parmi les théories de Darwin, les
sourires destructeurs d'Anatole France, ce doux Bakounine, et les
« sourires pincés » des humoristes féroces. Charles Le Goffic qui à
écrit, dans le *Crucifié de Kéraliès*, le livre le plus sombre, le plus
âpre, le plus terrible qui soit, nous a donné ici une œuvre de langueur et de mélancolie où l'inquiétude et la Bretagne viennent mur-
murer à travers les feuillets, où les vieilles légendes courent discrètement en bordure, où la mort, très-souvent, presqu'à chaque page,
fait entendre la douceur de je ne sais quelle pacifiante berceuse.
C'est un souvenir de Werther, d'Obermann, ce sont des brumes os-
sianiques, c'est toute la sensibilité de Jean-Jacques, c'est même,
quelque part, un reflet de *Volupté* (il y a, tout comme dans Sainte-
Beuve, un complice de Saint-Rejant, puis — à la mode de Bretagne
— Langomen et Limoëlen peuvent très-bien être cousins).

Et parmi cette atmosphère propice, parmi la caresse des phrases
qui coulent, discrètes et pures, la fatale Adélaïde innocemment
adultère, aime son mari après sa faute, et meurt heureuse parce que
l'enfant du péché ressemble à l'époux dont elle ne l'a pas conçu...
cependant que d'Armont, innocemment séducteur, gémit et meurt,
pour ne plus chérir sa fille Lida, si noblement aimée par Langomen,
devenu son véritable, son seul père de par la grandeur de son pardon. Et partout c'est du rêve — des sourires un peu las — des larmes sans amertume. A peine si une colère étreint Langomen quand

il apprend la trahison ; tous les personnages sont des honnêtes gens,
plus que des honnêtes gens, des héros, ils sont tous la vertu même.
Pas l'ombre de la plus ténue scélératesse. L'adultère même devient
saint, s'ennoblit d'une subtile tristesse, de la conscience ardente
et sombre de la faute, de la majesté du trépas.

C'est le livre d'un penseur, du barde d'*Amour breton*, du poète
qui, en compagnie de son ami Charles Maurras, adore solennelle-
ment, ardemment, la Beauté. Ary Renan, à qui le livre est dédié, y
retrouvera la grâce lente, la douceur et la tristesse hautes de ses
tableaux, de ses sonnets. Et ce roman fera aimer l'Amour, pour les
désillusions, pour l'amertume, pour l'horreur qui viennent après ses
désillusions, ses amertumes et son horreur.

———

Espagne et Provence

———

Ecrire un bon livre de voyages, c'est ne pas trop parler de soi sans
en parler trop peu : on est la seule raison d'être du livre, et les plus
beaux sites, les plus grands noms, les souvenirs les plus terribles et
les plus doux, les montagnes les plus menaçantes, les fleuves les
plus délicieusement paresseux ne s'éveillent et ne s'animent que
parce que le voyageur qui écrit a passé près d'eux, au caprice de son
ennui, au hasard d'un itinéraire ; les villes les plus oubliées et les
plus mortes ne revivent un instant que parce qu'il a troublé de son
pas leur vide et leur somnolence. L'homme se sent en même temps
de l'humilité devant ces rochers et ces vieillards, et de l'orgueil en
face de ces choses, de ces gens, qui n'existent que par lui. C'est la
littérature la plus difficile, qui peut être à la fois la plus mortelle et
la plus savoureuse : elle exige de la souplesse, de la compréhension,
du tact ; il faut s'enivrer d'un paysage juste assez pour en entretenir
le lecteur trois lignes durant, méditer sur un évènement jusqu'à en
écrire un mot d'une éloquence modérée, parler des tableaux de
façon à montrer qu'on ne s'en tient pas au catalogue du Musée ou
à l'omniscience du Larousse, sans tomber dans les ennuis didacti-

ques d'un Paul Flat : c'est là une science et un art qui ne s'enseignent pas et qui sont l'art et la science les moins communs du monde : Edouard Conte les possède au plus haut point.

L'auteur d'*Espagne et Provence* est autant que possible et le moins possible littérateur et touriste, il n'a même pas besoin d'éviter l'enthousiasme sot et débordant ni la sécheresse odieuse, il ne les connaît pas; il trouvera des formules du parisianisme le plus aigu comme « la plaque commémorative est le ruban violet des morts ». L'âpre tristesse de certains coins de Majorque, la hautaine majesté des Ribera, les déconcertantes fantaisies de Hieronymus Bosch l'inspirent tour à tour. Après sa préface subtile et juste, après l'horreur du Rhône, c'est la bruyante horreur des Félibres, la douceur du sourire de Mistral en sa « maison aux volets verts, d'où l'on voit les Alpilles violettes » comme dit notre Charles Maurras; après le cruel écho du théâtre d'Orange, c'est tout à coup Palma et sa béate torpeur, et les oliviers des Baléares, et l'effroyable voyageur anglais de Cabrera, c'est surtout l'archiduc Salvator d'Autriche. Rien de plus amusant, de plus férocement, de plus innocemment ironique que la conversation d'Edouard Conte avec cet archiduc de légende qui est un allemand sans élégance, à casquette de piqueur et redingote de menuisier, avec une âme de contre-maître. Puis, sans insister, avec la cruauté d'un laconisme allègre, notre touriste court à l'activité de Siller, à une très copieuse conversation avec un aveugle qui lui conte le roman — adorablement picaresque — d'une comédienne et d'un paysan, à la grotte d'Arca dont l'âpreté poignante est gâtée par le registre où s'inscrivent l'admiration laborieuse des visiteurs et leur amour des chemins de fer confortables, au fantôme de ville qu'est Almeida, à ce grand nom qu'est Port-Mahon, à la philosophie du gardien des morts. Puis c'est le souvenir qu'est cette pauvre ville, Ciudadella, qui vit Edouard Conte éclater de rire devant l'autel où la reine Isabelle appelle « époux bien-aimé » ce pauvre cocu de François de Bourbon !

C'est sur cette irrévérence que se termine le livre : l'auteur quitte ces villes oubliées, ces villes qui sont calmes, qui sont joliment vieilles, si joliment barbares parfois, pour retourner dans des villes plus hideusement modernes, dans ce Paris où j'espère qu'il va bientôt nous montrer de nouveaux « mal vus. »

Paludes

Paludes, c'est proprement avant tout, et peut-être uniqnement, un livre héroïque. Beaucoup de gens s'ennuient, tous les hommes s'ennuient — et M. André Gide s'ennuie. Photographier cet ennui, le rendre avec tant de vérité, tant de gris, tant de langueur, qu'il prenne le lecteur à la gorge, qu'il l'étreigne et qu'il l'étrangle, qu'il donne l'horreur — et mieux — la conscience de son ennui, voilà le but du livre. Et ce sera l'essor vers les hautes actions, vers l'imprévu, la fuite hors de ces marais amis, hors de ce toit qui, s'il nous préverve de la pluie, nous cache le soleil, hors de ces petits loyers, de ces petits symboles, de ces petits rires et de ces petits sanglots, de ces petits voyages et de ces petites charités, ce sera un effort, l'effort et la vie plus intense, plus ardente, plus frémissante. Ce livre dans la pensée presqu'exprimée de M. Gide est *le Livre*, le livre de mort et le livre de vie, celui qui peint notre existence et notre âme et qui, grâce à son néant fécond, nous donnera une autre existence et une autre âme, l'existence et l'âme.

On lit au frontispice: « Avant d'expliquer aux autres mon livre, j'attends que d'autres me l'expliquent. Vouloir l'expliquer d'abord, c'est en restreindre précocement le sens car, si nous savons ce que nous voulons dire, nous ne savons pas si nous ne disons que cela. On dit toujours plus que CELA. Et cela surtout m'y intéresse, que j'y ai mis sans le savoir, cette part d'inconscient et que je voudrais appeler la part de Dieu. Un livre est toujours une collaboration, et tant plus le livre vaut-il, que plus la part du scribe y est petite, que plus l'accueil de Dieu sera grand. Attendons de partout la révélation des choses; du public la révélation de nos œuvres ». C'est d'un mysticisme coquet, d'une ingénieuse humilité, d'un orgueil exquis, et pour s'imposer aux âmes, les pensées et les mots s'épandent, merveilleusement imprimés sur un papier prestigieux en un format irrésisible, mots doux et flous, pensées joliment pauvres et menues, obscures mais humblement obscures, et donneuses d'une sensation qui est bien celle que M. André Gide a voulu procurer. Il y a même des instants où l'on se sent un agacement nerveux en lisant les conversations vides, les méditations vides de Tityre. J'entends d'ici M. Gide, dire avec un sourire tristement triomphant — : « N'est-ce pas ? ce livre, ces instants sont insupportables, cette vie est insupportable ? Hé, cher monsieur, ces instants sont vos instants, cette vie est votre vie, ce livre est votre livre. » (¹)

M. Gide se réfugie parmi la douceur des désirs des rêves de son enfance encore pas très lointaine. Il ne semble pas bien persuadé que son livre donnera la vie à ceux qui n'existent pas. Ce sera à vrai dire un peu de sa faute; il aime sa souffrance et son ennui, ses ironies perpétuelles ont quelque chose de désolé et de tendre, ses sourires larmoyent, il sanglote sans rancœur, en son amertume caressante et languide, pas trace de haine; Tityre reste Tityre *recubans*. Est-ce un moyen de faire lever les autres Tityres, tous les Tityres, nous tous ? est-ce un chant d'appel et de délivrance, est-ce un clairon qui sonne le réveil ou un thrène désespéré sur Tityre et sur le monde ?

Livre très joli, très discret, très pénétrant; M. Gide a écrit sur la garde, d'une écriture laborieusement pâlie: *Sit Tityrus Orpheus.*

Moi, je veux bien. Et vous ?

---

(1) Dans le *Mercure* de novembre 1895, M. Gide écrit « *Paludes*, c'est l'histoire d'un esprit mal fait..... c'est l'histoire de qui ne comprit pas la vie, de qui s'inquiète et s'agite pour avoir cru plus d'*une chose* nécessaire. » La glose, d'où j'extrais ces lignes, pénétrante, incisive, exquise, il faut la lire tout entière, et la relire. C'es proprement un charme.

L'heautonparatéroumène

Voici un livre de Catulle Mendès sans amours, même sans amou-
rettes, un livre consacré à la majesté de l'horreur, aux sinueuses
hypocrisies du remords, aux subtilités de la peur, à l'épouvante
des hantises, à la misère du crime, au néant de l'homme. Des
êtres passent, dansent — presque pantins — jouets d'une volonté
plus haute, mauvaise et sans doute amusée, qui leur impose ses caprices, qui les empoigne, qui les brise. Rien d'étreignant comme
l'aventure de ce bon petit rentier batignollais, M. Brunois, inconscient meurtrier de par la perfidie des dieux et du chambertin, qui
retourne au lieu du crime, se suit à la piste et finit par se livrer au
juge d'instruction, pensant lui livrer l'assassin. Les finesses obtuses
du pauvre homme, les fourvoiements de sa perpicacité cruelle,
comme l'auteur les éclaire d'une lueur d'ironie tendre, où il y a de
la pitié!

Voyez dans le même volume, ce merveilleux « Village près de la
route » où le conteur de tant de contes prestigieux s'est révélé conteur plus inouï, où, de seconde en seconde, il aiguise l'émotion avec
des mots qui sont des chuchotements d'Au-Delà, où la science des
précautions oratoires multiplie les hésitations troublantes, les reculs
effarés, les « repentirs » haletants, saisit, prend aux entrailles, sub-
jugue le lecteur suant d'angoisse inavouée parmi les précises descriptions de cette apparition imprécise, et les calmes sortilèges de
ce fantastique tranquille.

Certes, au-dessus du martyre de « l'Heautonparatéroumène », au-
dessus de l'ombre sans tête d'un Peter Schlemihl assassin et chapelier
à Remy-sur-Oise, s'agite le rire frémissant, inextinguible, de quelque divinité méchante, inassouvie de mal, le rire inoublié de *Me-
phistophela;* mais Catulle Mendès ne l'indique pas, il ne nous montre que la passivité pantelante des victimes qui se laissent traîner
jusqu'au meurtre, courbées sans inutile révolte sous les caprices du
Destin.

Et, en ce livre aux habiletés infinies, toutes les caresses du mot,
de la phrase, tous les frôlements d'un style adorable et pervers sont
mis en œuvre pour exaspérer le délicieux frisson de la peur, et en
précipiter la pâmoison dernière...

L'autre Femme

En ce livre, Rosny montre à plein toute la misère, toute l'angoisse, toute l'horreur de l'adultère, avec le goût d'amertume et de sang qui vient en rehausser la sensualité et lui prêter une sorte de majesté malsaine ; c'est le poème de faiblesse, de cruauté, de tendresse, qu'il fallait écrire et qui n'était pas écrit ; plus intense grâce à la simplification singulière de l'action, à la suppression de la femme adultère qui plane seulement sur le drame en une grâce sans caractère, être impersonnel de fatalité, anonyme instrument de douleur. Rosny nous explique seulement les tourments de la femme trompée, les remords, les ennuis, la pauvreté morale, les sentiments troubles du pauvre époux adultère, pour que notre attention point détournée goûte l'âpreté, terrible et savoureuse, de cette tragédie et de cette élégie.

Cette *Autre femme*, l'œuvre la plus simple et la plus poignante qui ait été conçue sur l'adultère, le temps où elle paraît grandit singulièrement sa vertu. Après tant de gémissements, tant de variations sur ce thème si cruellement connu, après tant d'ennui déversé sans mesure sur ce crime devenu simple anecdote sentimentale, le livre de Rosny s'affirme plus puissant, et plus intime : long cri de pitié, souffrance sans déclamation, éloquence navrée qui parle plus que toute dissertation.

La faiblesse de l'homme reste aussi grande à la dernière page qu'à la première de ce livre, le plus humain qui soit, et le plus grand, sanglot et épopée. Si le sujet était moins âpre, l'œuvre moins noble, je dirais que ces pages ont refait à l'adultère une virginité ; bien des romans vont les suivre, mais aucune habileté de démarquage ne pourra atteindre le bonheur de cet effort inquiet, de ce résultat si ferme et si serein.

Le style est parfait, calme, fort, avec des caresses et des cris : l'auteur accentue ici son renoncement à cette terminologie étincelante mais parfois tourmentée, parfois trop riche en néologismes, qu'il choyait naguère ; comme l'œuvre, la langue est neuve et belle ; l'écriture s'avère délicate et généreuse, pour traduire les pensers généreux et délicats.

Charlie

—

Simplement le livre le plus attachant qui soit et le plus « moderne. » Toute la médiocrité sentimentale, toute la médiocrité morale, tout le néant de notre époque y paraît; les problèmes les plus ardus, les plus insolubles questions, sans âge, sans époque, y sont présentés, tranchés de façon tranquille, insolente, parfaite. Partout y règne l'ironie et aussi la gravité, le sourire du philosophe et le sérieux du fantaisiste. En somme, une sorte d'Ecclésiaste infiniment savoureux, montrant à plein la vanité de l'adultère, la vanité de la vie et de la mort.

En voyant défiler, s'agiter, se tromper, ces personnages si peu dignes d'intérêt et si intéressants, nous ne pouvons nous défendre d'un retour: « Mais c'est nous, ces gens-là! » Il nous faut reconnaître un peu de nos sentiments, un peu de notre être, un peu de notre âme et de notre laideur dans la courtisane Warner ou dans Mme Lahonce, dans Charlie ou dans Mme Favierres, dans Favierres ou dans M. Brodin. Triste, en vérité. Car Fernand Vanderem a beau s'interdire toutes les railleries, présenter Mme Lahonce comme il présenterait sainte Claire et lui offrir la plus belle couronne de cheveux blancs qu'on puisse trouver à Paris ou à Londres, il a beau parer Charlie du Kamtchatkisme le moins antipathique, nous sommes obligés de convenir que cette adultère au joli cynisme possède une âme qu'on pourrait qualifier seulement en empruntant des épithètes aux repentirs savoureux de Durtal (dans *En route*,) et qu'en l'étroite poitrine de son fils, Charlie, auteur d'une quelconque *Hypatia* symbolarde, bat un cœur sec qui conviendrait au bourgeois le plus disgracieux. Il n'est pas jusqu'à Favierres que l'auteur ne dote de l'âme la plus atroce qu'on puisse détester. Mari tyrannique, amant pâlot, ami bougon, il a pour principal agrément le charme du vice et je me méfie de sa musique ; sa pauvre femme laide, si joliment peinte en son insignifiance, en sa discrétion peureuse, est un peu ignoble, elle aussi. Et nous devons nous dire: « Ce monde étrange, c'est le nôtre », sûrs que Charlie retournera chez l'amant de sa mère à présent que son père, mort d'apoplexie chez une fille, ne pourra plus l'en empêcher.

Tandis que, sous ses coups délicats et pervers, l'Amour est couché agonisant, que la famille se désagrège, que l'adultère même perd toute sa grâce, Fernand Vanderem sourit, la bouche fine, l'œil éclairé de malice derrière son monocle, il cisèle des contes personnels, sans « vanderéminiscences, » pour parler la langue de Veber, il écrit de jolies chroniques alertes, d'un style souple, élégant et concis, en attendant qu'il trouve autre chose à détruire que la classe de philosophie, l'amour, la famille et l'adultère.

Mémoires d'un Jeune Homme

Tour à tour léger et passionné, poignant et tragique, éclairé ici par les flambaisons de gaité de la vingtième année, là par les incendies du Siège et de la Commune, avec pour cadre la tristesse d'un dortoir, l'horreur d'un cabaret de banlieue ou d'une prison, l'ignominie d'un cachot à fond de cale ou le dolent ennui d'une case à la Nouvelle, c'est le livre le plus poignant, l'autobiographie la plus diverse, la moins monotone qu'on puisse rêver. Les évènements se chargent d'ailleurs de rehausser la variété des épisodes, d'amener après des pages d'idylle coutumière, des pages de souffrances inouïes, imprégnées de révolte, de vigueur... et aussi de sérénité ; car ces évènements sont à la fois si loin et si près! Et d'un fauteuil d'orchestre ou d'une avant-scène, bercé par les flonflons et les acteuses l'auteur pourrait oublier parfois qu'il s'est senti aux fers, sur des plaques de tôle malpropres, sans vivres, sans force, sans espérances : il se souvient pourtant de ces journées douloureuses, de ces journées chères, il les raconte sans amertume, avec la douceur du souvenir. Cette àpreté, cette douceur, pour ainsi dire entrelacées, donnent au livre une valeur, une saveur toutes particulières. L'auteur nous dit son enfance en pages très tendres, très discrètes, puis sa jeunesse fougueuse parmi des grisettes au cœur volage et franc, puis les passions politiques, les discours, les réunions publiques, les condamnations, la prison, la lutte, la défaite, l'exil ; et c'est partout de la passion et de la vie !

Henry Bauër semble avoir voulu veiller sur ces souvenirs, leur

enlever tout ce qui n'était pas absolument nécessaire ; il a sup-
primé, je crois, tel chapitre, entr'autres, où était racontée sa capti-
vité à Sainte-Pélagie jusqu'au 4 Septembre. Mais il reste cependant
assez d'aventures, assez de souffrances, assez de personnages, personnages divers, depuis les calicots les plus flous, jusqu'aux fédérés
les plus hirsutes.

Livre de douleur, livre de justice. Car l'auteur, d'âme trop probe
pour, sous des vertus fausses, voiler la laideur d'âme de quelques
uns de ses compagnons, s'affirme aussi sévère pour eux que pour
tel vaudevilliste, mais il y a là quelque chose de plus : Henry Bauër
comprend l'envie et la quasi-haine de ces malheureux ; il a pitié. En
lisant ces pages, tout le monde se prend à aimer celui qui les subit
et qui les écrivit avec ses muscles, avec son âme, avec toute sa
force et toute sa bonté.

Les Décorés

En une langue ferme, sobre, nerveuse, avec des verbes qui pei-
gnent et qui louent, qui résument et qui exaltent, avec des épithètes de la plus concise, de la plus significative éloquence, Frantz
Jourdain devenu le porte-parole des artistes et de la foule, devenu rapporteur de l'opinion publique près la Chancellerie de la
Légion d'honneur, dresse la liste des hommes, des dieux, qui ne
sont pas encore décorés, offre leurs poitrines à la bienveillance
du ministre, offre leurs noms à la postérité ; car ce livre n'est
pas seulement une supplique à M. le Grand Chancelier, c'est —
presque — le livre d'or de la France, le livre d'or de l'humanité puisque nous y trouvons, puisque nous y saluons les noms (inégale-
ment nimbés de gloire) d'Eugène Grasset, de Maurice Maeterlinck
et de Tolstoï.

Les portraits se dressent, hauts et graves, avec un relief et une
couleur intenses, en la brume grise de notre temps ; c'est un Pan-
théon de vivants, c'est à peu près, mon Dieu ! l'Académie des Gon-
court. Mais ce livre où scintillent les noms de Degas, de Mallarmé
de Willette, de Charpentier, de Renoir, d'Odilon Redon et de Sé-
verine, ce livre n'est pas seulement un livre d'enthousiasme, c'est un

livre de justice qui admire, sinon avec des restrictions, du moins avec des explications, et il est certain, par exemple, que Toulouse-Lautrec ne sera pas décoré après l'article de Frantz Jourdain. Dans ces *Décorés*, de la bonne humeur, de l'âpreté, de l'amertume, des mots qui auraient pu être dits à l'*Atelier Chantorel*, des chapitres brefs d'une éloquence, impérieuse, tel celui consacré à Tolstoï ; et j'ai enfin admiré les pages de l'Inconnu, touchantes et nobles sans artifices. Beau livre, sincère, combatif.

Les Gamineries de M. Triomphant

De M. Moreau-Vauthier, l'éditeur Plon publie sous ce titre : *Les Gamineries de M. Triomphant*, l'épopée tragi-comique, ou plutôt la suite aussi peu stricte que possible de trois épopées tragicomiques : l'histoire d'un Monsieur qui ruine un cabinet de lecture en maculant de ses annotations les volumes ; l'histoire d'un Monsieur qui, par ennui de loger des soldats en grande manœuvre, persuade tous les habitants d'un village qu'ils ont le choléra ; l'histoire enfin d'un Monsieur qui fait épouser par un peintre une jeune fille à laquelle il a d'abord offert un morceau de veau anonyme et un verre de vin incognito. Que ce monsieur se nomme Monsieur Marius Triomphant, que ce soit le même Triomphant, parmi les gentilles péripéties de ces trois pièces en un acte, c'est le vouloir de l'auteur, écrivain discret, adroit, avec des finesses à la Cherbuliez (moins tortillées, Dieu merci !). Au cours de cette sobre illustration de la sottise bourgeoise, l'ami Moreau-Vauthier se prend à chérir son personnage, lui fait jouer un rôle d'homme « sic vos non nobis » et l'embellit de grâces souriantes telles qu'on songe à un Sylvestre Bonnard, qui ne serait pas de l'Institut. Aussi bien, il faut tout le talent de l'auteur pour nous intéresser à ce vieux chenapan dont l'égoïsme ne s'attendrit que vers la fin du volume.

Dans les descriptions, de petites touches exactes, sûres, personnelles, décèlent le bon peintre qu'est ce bon écrivain.

X....

Aux Champs-Elyséens, le docteur Blanche, enfin débarrassé du souci absorbant de guérir, ou de ne pas guérir, les déments confiés à ses soins, jouissait depuis quelques années d'un repos que je qualifierai de sénatorial, lorsqu'une dédicace étrange l'arracha à sa sérénité et le rendit aux pires affres de la vie. C'était la dédicace de *X...* Ce roman impromptu vint siffler autour de lui, déroula ses replis tortueux, ses sinuosités inquiétantes, rampa, frétilla, et le pauvre docteur Blanche fut très-malheureux. « C'est, pensa-t-il, une dédicace trompeuse, que celle de ce roman. Pourquoi les auteurs ont-ils inscrit mon nom à la première page ? Jamais je n'ai vu gens plus odieusement raisonnables qu'eux: la finesse, la sagacité, la subtilité, la méchanceté la plus savoureuse, la plus délicate et la plus cruelle indulgence, l'esprit du comique, le génie du pathétique, tout habite sur les lèvres, dans les cœurs, et même dans la tête, hélas! de ce Tristan Bernard, de ce Courteline, de ce Pierre Veber et de ce Jules Renard. Presque tous les chapitres qui composent ce livre sont parfaits: chefs-d'œuvres de rosserie ténue, de perspicacité lancinante, de psychologie agressive comme les pages de Jules Renard qui valent les meilleures de l'*Ecornifleur* et de *Poil de Carotte;* chefs-d'œuvre de loufoquerie tranquille, comme les digressions d'Auriol; chefs-d'œuvre de comique serpentant, profond, avec d'irrésistibles souvenirs classiques comme l'appoint de Veber; chefs-d'œuvre de joie dramatique rehaussée du rire de la *Belle Hélène* comme les feuillets de Tristan Bernard — et je ne peux pas dire ce que je préfère, et je n'ai pas besoin de louer celui que Catulle Mendès appela le prince des jeunes poètes français, le seul qui connaisse à fond l'âme rose des souteneurs verts, le seul qui parle l'argot populaire comme l'Aiguille lui-même, le divin Courteline. »

Après avoir payé ce juste tribut d'éloges aux cinq poètes, le docteur Blanche jeta un nouveau regard sur ce livre qui venait troubler son dernier sommeil. Hélas ! il reconnut que l'ensemble de tous ces chefs-d'œuvre n'était pas un chef-d'œuvre. Il diagnostiqua : « Tromperie sur la qualité de la marchandise; malgré sa délicace, le livre n'est pas fou. »

Le docteur Blanche avait raison. Je cherche en vain, dans *X...*

cette fantaisie ailée et souriante qui devrait s'envoler de toutes les pages, vous saisir à la gorge et au ventre, vous arracher les éclats de rire les plus tempêtueux. Rien de pareil. C'est laborieux, c'est maigre, c'est d'une fantaisie qui ne s'essore spontanément qu'après que son propriétaire s'est longuement ému de chatouilles fécondes ; c'est d'un imprévu pénible et lent. Et rien ne m'empêchera de croire que, pour composer un livre, même pour conter les mélancolies de Maubeck, les sourires du vieux de la Warre, les ardeurs de X et les subtilités de l'Aiguille, pour décrire les Champs-Elyséens et les bouges de la rue Germain-Pilon, c'est comme dit Montaigne. « assez de deux, assez d'un ; assez de pas un... »

Le Trimardeur

Un fier livre ! Du sang, des grèves, des cris, de la mort et de la vie qui frémit, grouille, déborde son cadre, déborde les lignes, déborde le livre ; toute l'âpreté, toute la fureur d'une âme ardente et fruste, magnifiée par un idéal lointain et terrible, toute la hideur d'âmes bourgeoises, toute la langueur moutonnante des foules, des meurtres et de l'amour, des baisers et des assassinats, c'est la rançon de George Bonnamour.

Jamais, le jeune auteur n'avait atteint à une telle perfection. *Le Trimardeur* est son chef d'œuvre, orageux et farouche, où passent, pleurent et meurent les hommes qu'il peint, à grands traits, avec des mots qui dressent leur personnage, avec des cris qui, subitement, évoquent... Plus haut que l'Ours et que Chatte-chatte, plus haut que les compagnons Millet, Katz et Aracena, (oh ! les transparents masques anarchistes !) plus haut que le fatidique Régis, le Trimardeur traverse tout le volume de son pas d'apôtre, erre de l'Armorique à l'Espagne, son cœur souffrant « gros de haine, affamé de justice » portant partout ses indignations hautaines et sa destructrice activité. Certes, il vit, le Trimardeur, il vit d'une vie intense, et pourtant n'est-il pas un symbole puissant et hardi, cet homme qui

commence par l'assassinat le plus vulgaire, puis qui sème l'agitation
et la vie dans toute une province, et laisse derrière lui, parmi des
deuils et des larmes, l'Idée qui germe lentement au cœur des pêcheurs, cet homme qui vient à Paris suivi de ses femmes dolentes
et terribles, secouer toute la cité de sa fièvre, de son ardeur terro-
riste? Traqué par la police il s'échappe et fuit très loin, de l'autre
côté de la frontière espagnole, pour apporter là-bas l'Idée agissante
et féconde, apôtre moderne, Errant sans faiblesse, dont la vie n'est
qu'une incessante prédication par l'exemple ! Le talent de Bonnamour transfigure ces théories de sang et rend sympathique ce Trimardeur qu'il faudrait avoir grand soin, si vous le rencontriez, d'a-
battre d'un coup de revolver.....

Rien de plus beau que la querelle des pêcheurs ou la scène de
tempête éclairant la fin d'une bataille, alors que les deux adversaires
irréconciliés partent sur la même barque, par une nuit sans
lune, pour sauver ou mourir ensemble, ou la vision du cadavre de
de Jagoury emporté, sautillant, parmi la ville révoltée, rien de plus
éloquent.. sauf la préface où Bonnamour a fait passer ses rancœurs
et ses tristesses, où il a montré toute la douloureuse énergie de sa
foi et de son âme.

Théâtreuses

Bravo pour ce livre d'une bonne humeur impérieuse, d'une cruauté
souriante, d'une psychologie à la fois pénétrante et modeste,
d'un parisianisme exquis ! Ils resteront, ces nouveaux types créés
et mis en circulation de par la volonté d'Auguste Germain : le vieux
Coctail et le Tombeau de la Glacière, Joli-Blond et Roger Benoist,
Lilette et le Directeur. Toutes les scènes sont irrésistibles : que pré-
férer, la consultation de la somnambule où le boniment de Madame Alexandre est si fidèlement sténographié? ou la répétition?
ou l'entrevue de Raymonde de Nevers avec Joli-Blond marchand
de billets en gros et philosophe pessimiste ? J'ai retenu tels fragments de dialogues, d'une rosserie pas méchante, mais unique :

« Vous envoyez pas des choses patriotiques ?

— Non.

— Des machines rigolottes alors? Vous avez bien raison; je suis
allée une fois à l'Opéra, je me suis crevée! »

La bêtise toute divine des filles et des viveurs est peinte d'une
touche sobre et nette; la distinction (si second-empire) du duc
rendue avec un peu d'ironique sympathie, l'ignominie inconsciente
du cabotin Fabert décrite sans indignation, le triomphe de Raymonde dépeint sans amertume comme sans enthousiasme. Document très sûr, avec de coquets dessins de Guillaume, rédigé par le
mieux informé des courriéristes dramatiques, le plus amusant des
auteurs comiques, le plus stoïque des philosophes mondains.

Couronne de Clarté

M. Edmond Pilon écrit, excellemment :

« Je donne à Dante ma plus haute louange, quand je dis de sa Divine
Comédie qu'elle est, en tout sens, essentiellement un chant. (1) »
Un peu de cet hommage serait applicable à la *Couronne de
clarté* et, il me semble, à certains passages que le poète s'est plu à
envisager, sous l'apparence de Maïa, une Béatrice, radieuse comme
une fictive philosophie. Maïa sut imposer ses mains aux panthères
de la luxure et elle s'est reposée sous l'ombrage céleste du frêne
Igdrasill ; ses petits pieds sont deux colombes ; la chevelure de Lilith
a flué sous ses talons comme un ruisseau d'or, et des tourterelles,
venues d'un hêtre dodonien, s'abattent sous la voûte des vieilles forêts
esquissant, autour de son front, la lumineuse couronne. « C'était
une couronne de diamant qui étincelait au milieu du soleil ».

De la rouille, des rêves, des cheveux blonds, des yeux de vio-
lette, des paons ; cueilleuses de fleurs, cueilleuses de pleurs, cueilleuses d'étoiles, îles splendides et fatidiques, murmures et plaintes
d'un rythme rare, tels sont les délicieux et légers symboles parmi

(1) Carlyle

lesquels le poète d'*Eleusis*, le rêveur des *Sonatines d'automne* promène sa phrase mystérieuse, profonde et chantante, sa phrase qui sait si bien s'élancer et si bien mourir. Il trouve des mots rares pour peindre les cheveux d'or du rêve qu'il étreint, les cheveux dont il s'enveloppe, qui prêtent un peu de leur magnificence et de leur richesse aux choses qui se laissent voir, deviner et interpréter ; il trouve des mots doux comme des caresses, précieux comme des baisers, pour célébrer toute les beautés et toutes les misères de la vie, pour célébrer la vie. Car c'est la vie que décrit Camille Mauclair : c'est la vie qu'il drape et qu'il voile de tissus délicats ; et ces iles, ces paysages, sont non des ressouvenirs ou des espérances, comme il le dit, mais des sensations de présent. Mais quelles sensations ! quelle vie ! Combien l'âme de Camille Mauclair est songeuse et belle ! Quel prestigieux halo court sur les villes, sur les désillusions et sur les dégoûts ! Quelle musique court autour des impressions, significative des larmes et du sourire ! Je n'ai pu lire *Couronne de Clarté* sans songer à Mallarmé et à Kant, à Henri de Régnier et à Barrès, à Maeterlinck et à Baudelaire ; c'est tout leur charme et toute leur puissance, toute leur grâce et tout leur enseignement, avec des envols d'oiseaux plus funèbres, avec l'éploi d'une douleur plus nuancée et plus féconde. Et c'est aussi du Rabelais ; mais Pantagruel s'est adouci et fort épuré depuis qu'il se promène sur la mer et parmi les iles, après avoir trouvé la jeunesse la plus parfumée, la pureté la plus blanche dans la vallée de Wallpurgis, dans les forêts saintes de Wagner ; c'est Pantagruel-Parsifal qui, pour se consoler d'avoir découvert l'ile sonnante, découvre les iles sanglantes et l'ile des mains pâles, et qui purifie ses oreilles, bourdonnantes de l'odieux bavardage des chats fourrés, en écoutant les paroles de Scylla. Ce livre est un des plus beaux livres qui soient, en sa tristesse somptueuse, en son éternelle méditation, en son éternelle prière, en son éternel effort vers les étoiles.

Le Chemin Nuptial

Après nous avoir conté, avec une langueur teintée çà et là de mélançolie trop discrètement amère, la fin d'une idylle royale, M. Robert Scheffer consent à s'occuper des gens qui ne sont pas princes, encore qu'ils « portent le deuil princièrement » (p. 121), en un livre de ténuité trop fluide, de ratiocinations qui se répercutent et s'étendent sans modération, avec je ne sais quel charme gris de sourire pâle et mouillé, de pitié, de mélancolie.

André Mauvalle a vu, aux Tremblayes, des yeux de femme et une statue, alors que Germaine, sa conjointe n'a rien vu du tout. André a le cœur glacé, Germaine s'en désole. Ils reviennent à Paris où ils fréquentent un certain Léo Luzenacq, pas riche, qui, à dessein de prouver qu'il est poète, parle une langue de comptable suisse. Germaine, constatant son époux de plus froid en plus froid et, (il faut le dire), de plus en plus ennuyeux, a pitié du pauvre poète, devient railleuse parce qu'il est railleur, et lui prête quelque argent.

Or, en écoutant à Saint-Gervais les choristes du jeune Bordes, André retrouve sa statue qui se nomme Laurence et se vêt de velours rouge éteint. La froideur entre les deux époux se perpétue. Ils en ont assez l'un et l'autre. Germaine annonce qu'elle veut partir, André part.

Il traverse l'Europe avec Laurence, et, après avoir perdu sa chatte, perd son amante à Grasse (Alpes-Maritimes). Lors, il revient près de sa femme qui s'était navrée en compagnie d'une vieille demoiselle, et il casse la statue qui était un symbole puisque c'était son cœur de pierre. Désormais, les deux époux s'aimeront puisque la morte les enveloppe d'amour.

Ce n'est pas bien méchant ; mais, avec des images somptueuses et une déformation savante, avec des mots de lumière et un lourd manteau d'obscurité, cela eût donné trois cents verts mallarméens de belle allure. M. Scheffer n'en a tiré que deux cent quatre-vingt-quatre pages d'une monotonie trop convaincue, d'une tenue correcte et froide, ou tiède, qui pis est.

Style sans netteté, sans couleur, dont la puérilité se guinde au maniérisme, malhabile et hésitant comme le livre, le talent et l'âme de M. Scheffer.

Le Mystère des Foules

Il y a des gens, de Nancy et d'ailleurs, qui croiront ce livre écrit uniquement pour les navrer : tels MM. Péchoin, Terraux, Leclaire et Parisse (n'est-il pas mort) ? tel M. l'ex-député Gabriel et peut-être, tout de même, M. Maurice Barrès. Et si ni Cornélius Herz ni Georges Gugenheim ne viendront se plaindre d'être portraicturés par M. Paul Adam, l'un presque sous son nom, l'autre sous son nom même, c'est que les soucis du diabète sont presque aussi absorbants que les soucis du bagne : tous ces hommes ne se rendront pas bien compte que leurs noms et leurs personnalités ne font rien à l'affaire, qu'ils auraient pu fort bien paraître, être aussi clairement désignés on n'être pas indiqués du tout, et M. Paul Adam ne s avouera pas qu'il aurait pu les laisser à leur médiocre sérénité ou à leurs tortures légales. Aujourd'hui, M. Leclaire qui s'intitule — modestement — Mérodak, ne porte plus en guise d'épées que des épées de verre liturgique et kabbalistique, l'ex-député Gabriel, sans trop pleurer son martyre dans le « Mystère des foules » gémit de ne plus représenter Nancy et prépare sans fin des discours sans fin. Et quant à M. Maurice Barrès, il est, je crois, le seul qui se fiche de ces choses...

*
* *

Ce qu'importe vraiment dans le *Mystère des Foules*, ce sont les foules. C'est la foule, la foule qu'on entend, qu'on sent, qui grouille, qui crie, qui ricane, qui pleure, qui grince, dans les salles de réunion publique de Paris ou de Nancy, la foule qui promène à travers les rues sa fureur et sa passivité brûlantes, ses espérances toujours déçues, son néant agressif, sa méchanceté dolente, et sa laideur ; ce sont les yeux qui implorent et qui menacent, les yeux qui roulent hagards, en des hallucinations forcenées ; les mains qui errent, qui se lèvent, qui se tendent, frémissantes et malheureuses sans avoir une poitrine à défoncer, une gorge à serrer, un drapeau à dresser sur des meurtres et des héroïsmes ; ce sont les voix qui halètent, qui jaillissent vers le ciel en refrains, en injures immondes, en cris sublimes ; c'est l'odeur surtout, puissante, terrible, de ces forêts humaines qui marchent. Et ce sont les perles de la compagnie Popp qui brillent, troubles et pâles, au dessus de toutes les convoitises, de tous les gémissements, de toute les déchéances ; c'est la statue rougissante, ensanglantée et fatidique, de Thiers ; c'est un essort grimaçant d'êtres qui veulent vivre et faire mourir, une galopade éperdue d'instincts et d'appétits, une charge, un assaut tumultueux, héroïque et fou — et c'est aussi une kermesse, où la bière de Ludovicus Bax coule, s'épanche, blonde et souillée, avec des taches de sang, noyant tout dans la limpidité bouillonnante de son or tiède. Des femmes passent, enorgueillies de la lourde splendeur de leurs chevelures, des Femmes-fleurs, des Femmes-démons, câlines et perverses, des femmes que Paul Adam a empruntées à Byzance, au Kabbalisme que Stanislas de Guaïta lui a accordé, et peut-être à son passé déjà lointain de romancier naturaliste.

*
* *

Le *Mystère des Foules*, est un œuvre de dédain, de rancune, de passion hargneuse et haineuse. D'avoir promené son être parmi l'horreur des réunions publiques, d'avoir pris la parole en des théâtres ou en des granges, d'avoir été copieusement insulté, appelé — pourquoi ? — *mouflet* (??) d'avoir été battu aux élections par un farinier, et même par cet extraordinaire ministre du cabinet Rochebouet qui se nomme M. Welche, d'avoir senti autour de lui des trahisons et des bassesses, Paul Adam a gardé un ennui profond et fécond, un peu de rancœur et beaucoup de sensations plus violentes que nettes. Il a laissé ces sensations s'exaspérer et s'envelopper d'un halo prestigieux, d'on ne sait quelle buée d'opium, et il les a serties en des phrases — parfois agaçantes, souvent admirables — phrases de mélodrames, phrases de rêves, phrases de poèmes — si bien que son livre est l'épopée la plus heurtée, la plus inégale, la plus émouvante qui soit.

Dans une préface importante, il parle longuement de l'émotion de pensée. Est-ce vraiment l'émotion de pensée que prouve son livre ? Peuh ! ces hommes, cette masse anonyme, qui tempête, qui se contorsionne en des remous, en des cabrioles, ces rires, l'hystérie laborieuse et hiératique d'Anne et de Béatrice, la sublimité palote de Jack Lyrisse, la bestialité rationatrice d'Harry Weed, l'anarchisme silencieux de Pascal, la folie méchante de Vauclère, l'hostilité des campagnards et des campagnes, le delirium tremens éternel qui agite ces deux volumes, tout cela soulève-t-il même une seule fois le problème du présent ? N'est-ce pas une sensation immédiate, brutale, bestiale, saisissante et trop saisissante ? la sensation de quelque chose d'énorme qui grouille et qui crie ? d'une bête monstrueuse, méchante malgré soi, esclave et maîtresse ? d'une masse sombre coupée d'éclairs avec des parties, des fragments de membres qui se détachent plus puissamment (je n'ose dire plus nettement) sous un baiser plus aigu non pas même du soleil, ou de la lune aimée par Jack Lyrisse, mais des globes électriques ? Partout du vin craché, et de la salive, partout de la sueur et du sang peu noble, si patiemment, si furieusement répandu, que l'on ne peut même plus penser, que l'on ne peut que se laisser posséder par l'horreur des foules, par l'horreur de Dessling, de Cœsarès, de Lyrisse, et du livre.

Un très beau livre, en vérité, puissant, farouche, avec des pages terribles où l'on sent un génie certain qui souffle et qui s'élève. Des pages tourmentées, d'une obscurité maladive, font ressortir ces pages de beauté très rare. Livre touffu, ardu, mauvais, avec de la haine et du ressentiment de plus en plus âpres, avec des portraits effroyables de cruauté, document incomparable, œuvre d'art étrange, pamphlet et poème — presqu'un chef-d'œuvre.

Rêve blanc

Rêve blanc, style incolore, pensées ternes. Pourtant, M. Henri Ardel n'est point formellement ennuyeux. Son livre, destiné aux « petites filles dont on coupe le pain en tartines » rappelle les volumes du célèbre Jean de la Brète, les ouvrages de l'illustre Léon de Tinseau, et, d'ailleurs, ne les vaut pas.

Une fillette provinciale — oh ! si candide ! — conduite par son

père (le brave commandant X) à la conférence d'un M. Morère,
s'éprend du conférencier. Silhouette dudit : « De taille mince et
« nerveuse, découplée (!) par l'habit, le visage pensif, le front haut
« dominant un regard tout ensemble très vif et très pénétrant,
« l'allure d'une distinction un peu hautaine accusée encore par l'irré-
« prochable et élégante correction de sa tenue d'homme du monde..»
Cet orateur portraicturé à coups de clichés dont M. Ohnet ne
voudrait pas, semble une sorte de Paul Desjardins fraternel et prolixe ;
il tolstoïse, il préchaille la vie intérieure et ses bienfaits, il bavarde
sur l'Ame contemporaine, et comme — heureuse coïncidence ! —
il a pour père un vieil ami du brave commandant X... il voit deux
ou trois fois Agnès, et s'intéresse superficiellement à cette petite
âme pure. La pauvrette s'éprend de lui de plus en plus. Mais Morère
ne songe point à l'épouser, féru d'amour pour une femme du monde
tout à fait régalante. Et, dans sa chambrette blanche, Agnès pleure
son rêve blanc. Elle épousera le médecin de sa localité.

Savez-vous combien de fois, en cette idylle de 150 pages, Agnès
rougit ? Vingt fois. « Une rougeur courut sous sa peau transparente..
Une rougeur courut sur son visage... Toute rose elle se dressa...
Elle reparut toute rose... Elle s'arrêta les joues empourprées... Une
ondée pourpre envahit son visage... Une flamme lui monta au
visage... Une ondée de sang avait rosé sa peau délicate... Ces épaules
amenèrent une rougeur sur ses joues... Le jeune visage s'empourpra..
Plus rose que de coutume... Le blanc visage se rosa jusqu'à la racine
des cheveux... Scandalisée, les joues tout de suite brûlantes... Le
seul souvenir de ces épaules envoyait une flambée pourprée aux
joues d'Agnès... Les joues se rosaient à leur souvenir... Oui, avoua-
t-elle tout de suite rougissante... Une fugitive lueur rose au blanc
petit visage... Son profil dont la peau s'empourpra... donnant à son
visage un éclat de belle fleur rose... Elle rougit, prise d'une crainte »..

Le brave commandant X rougit aussi ; sa femme pareillement,
mais moins que leur fille.

—————

Amoureuses

Ces *Amoureuses*, de Camille Pert, c'est deux cousines (point demi-vierges, véritables jeunes filles) Andrée et Suzanne, dix-sept et dix-huit ans, affolées de « mondanités », jolies, dépensières, pas assez riches. Elles aiment trop le bal, c'est ce qui tue en elles toute fraîcheur de sensations. Elles raffinent, elles compliquent à plaisir, Andrée guidant Suzanne et lui indiquant par quels trucs — un peu simplets — on peut goûter, avec des danseurs qui s'allument, les subtiles joies du flirt. Après chaque soirée dansante, les mignonnes valseuses couchent dans le même lit, et recensent leurs impressions dont elles exacerbent l'émoi par le trouble inavoué du frôlage de leurs deux corps. (J'ouvre une parenthèse pour constater que la répétition de ce procédé trop commode ne va pas sans quelque monotonie).

Donc, ces deux poulettes vivent en paix, mais un coq survient, Pierre Varneau, et voici la guerre allumée. En un accès fou de jalousie Andrée tente de précipiter sa rivale dans une pièce d'eau, (mélo, que me veux-tu ?) et Suzanne avec une soudaineté un peu bien invraisemblable devient effroyablement méchante, torturante, venimeuse, femme-fatale, une « poison », quoi !

Conclusion : Pierre Varneau reste garçon ; elles épousent des valseurs riches, avec le projet bien arrêté de les tromper le plus tôt possible.

D'une jolie notation psychologique, cette obscure et jalouse tendresse de Suzanne pour sa cousine, l'ardeur de cette affection inquiète qui, incomprise d'Andrée, — plus faite, elle, pour l'amour viril — devient (trop vite à mon sens), de la rage. Style aisé, sans, plus. Volontiers je croirais Camille Pert une femme, pour l'exacte minutie de ses détails de toilette, si ses Amoureuses ne dégoisaient des phrases désagréablement masculines :

« — Le désir, c'est l'aspiration à l'union des sexes. »

« — Son insensibilité est un anesthésique suffisant pour la préserver de la souffrance morale. » etc.

Une faute d'impression (p. 253), Suzanne pour Andrée, rend un passage peu compréhensible.

Simonis-Empis vendra beaucoup d'exemplaires de ce livre où sont relatées les fantaisies des deux Jolies Filles de Pert.

Le Joyeux Sacrifice

C'est avec une sympathie mélancolique, doucement moqueuse et doucement émue, que Jean Thorel nous initie aux secrets, aux douleurs, de ses héroïnes, et de ses héros. Rien de charmant comme son Virgile Arbel qui épouse une Judith parce qu'il aime une Heuriette dont il est aimé, et meurt de son « Joyeux sacrifice » très simplement. Si vous goûtez les flambards, leurs désespoirs mugis en place publique, leurs amours célébrées à son de trompe, n'ouvrez pas ce livre ; mais j'en sais qui savoureront, petit chef d'œuvre d'émotion discrète, l'aventure de cette femme — laide et pauvre — que le besoin impérieux d'aimer jette aux bras d'un garçon épicier.

Il faut lire ces pages parfumées de tendresse et de résignation, ces pages d'une grâce délicate, révélatrices d'une âme puissante et douce, qui a su prendre à Tolstoï et aux poètes lyriques de l'Allemagne ce qu'il y a de meilleur en eux. Comme une hymne, une hymne éternelle qui s'élève parmi les bassesses et les compromissions de la vie, cette prose ailée chante ce qui est beau sur terre, ce qui est beau dans le ciel, elle loue pieusement, dignement, avec les mots qu'il faut, avec la ferveur nécessaire, le Dévouement, le Génie, et l'Amour.

Le Prisme

Assurément, l'aventure n'est pas nouvelle d'une jeune fille, fût elle pianiste assez talentueuse pour doubler Mme Roger-Miclos, s'amourachant d'un officier à tournure de jeune chef saxon, fort comme un chêne, souple comme un lévrier, éblouie par le lustre d'un titre qui pend, telle une sabretache prestigieuse, sur une culotte saumur, folle de grandes moustaches blondes que le vent soulève... Mais, autour de cette anecdote, il y a de la musique, une musique frissonnante et profonde ; elle monte des doigts de Gilberte-au-fin-profil vers des cieux très hauts, au-dessus de la méchanceté potinière d'un Clermont-Ferrand et d'un Royat merveilleusement observés, au dessus de la virile élégance du lieutenant Jacques de Brienen, au-dessus même du talent roublard d'un Bargelli féru de Gilberte, comme Carnioli (auquel il m'a fait un peu songer) d'André Roswein.

Et cette musique sauve Gilberte, l'arrache au mariage consenti par Jacques, (l'officier irrésistible mais mélomane comme un cheval anglais), à toutes les coquetteries, à toutes les misères, pour la donner, cette *figlia dell'arte* mélancolique et fière dans le sombre éclat de sa beauté brune, à Daleski, polonais malingre et dégingandé, mais artiste. L'Art triomphe de la Fortune, triomphe même de l'Amour. Le Vouloir dompte l'instinct. C'est la victoire — avec ou sans calembour — des Motifs.

M. de Saussine célèbre là, sans longueurs, sans étalage psychologique, avec une discrétion exquise, l'Idéal, et son charme, et sa puissance. Dans ce livre d'une beauté tendre et fine, d'une ironie généreuse, se retrouve la subtilité du « *Nez de Cléopâtre* » le sourire de l'auteur, son charme et sa grâce d'homme du monde et de poète... et j'ajoute que la silhouette du chef d'orchestre Ladorant (lisez Lamoureux) a fort réjoui une petite amie à moi, « l'Ouvreuse du Cirque d'été. »

Une Nouvelle Traduction de Wagner

Dans un récent article du *Mercure de France*, M. A. Mortier, qui consacre à l'essai de J. d'Offoël un trop bienveillant article, ne peut s'empêcher de reconnaître que ce wagnérien superficiel (oh! combien!) serre de moins près que ne fait Alfred Ernst le texte allemand « et se contente souvent d'une interprétation large. »

Pour large, elle l'est!

Pourquoi M. Jacques d'Offoël n'a-t-il point acheté un dictionnaire allemand-français? Cette emplette, d'un prix en somme modique, lui eût épargné dans sa traduction du *Ring* des contresens qui, chez un élève de troisième, seraient déjà vitupérables. Muni de cet utile volume, il n'aurait probablement pas rendu (p. 25) par « Adieu patience » (1) les mots *Zu End'ist die Frist dann* qui signifient « Le délai sera alors expiré », sens quelque peu différent, comme on voit. Il ne se serait pas imaginé que *Zauderst wohl gar?* (Vous hésitez?) se peut rendre par « Mais gare à vous! » (p. 33) ou *Faend'ich den heiligen Freund* (si je trouvais l'ami sacré) par cet impératif « Viens! ô héros attendu » (p. 70) non plus que l'apostrophe de Gurnemanz *Deinem Wege zu* (Suis ton chemin) par cet inattendu renseignement topographique « Le chemin est sûr. » Et, peut-être, il aurait reculé devant cette phrase « O mère sage, à toi je demande d'arrêter leur rouet tournoyant » qui s'entache d'un contresens double, oui, double, car Wotan demande — ironiquement — un conseil à Erda, le moyen d'arrêter une roue qui roule, c'est-à-dire une chose en marche, des évènements qui se produiront forcément; et pour le « rouet » des Nornes, il ressemble au mérite de certaines traductions wagnériennes, il n'a jamais existé.

Parfois le contresens tourne au non-sens, par exemple quand une Walkyrie qui dans le texte original, déclare « Nous avons chevauché séparément et nous nous sommes rencontrées aujourd'hui » s'écrie dans la fantaisiste version d'Offoël « Oui bien! toutes deux volons par les airs! » (p. 100) Il arrive aussi que le traducteur prend la tempête du combat pour un orage météorologique, et substitue à l'appel du Welsung : *Das Schwert, dass im Sturm ich's schwaenge*, l'idée d'un glaive « défiant la foudre » ce qui, dans un poème Wagner, et dans la bouche de Siegmund est d'une drôlerie ineffable. Mais voici peut-être le joyau de ce riche écrin ; M. d'Offoël ayant lu : *auch ew'ge Jugend erjagt, wer durch Goldes Zauber sie zwingt*, prête à Fafner cette déclaration gigantesque, c'est le mot : « L'Or rouge, peut la (Freia) contraindre à donner aussi la jeunesse » Oh ! Monsieur ! mais songez donc qu'il s'agit de la substitution, de la sub-sti-tu-tion de l'Or à Freia comme paiement, et avouez, avouez sans détours que l'idée de contraindre Freia, par l'Or, à donner la jeunesse, recule les bornes de l'incompréhension, avouez-le donc !

J'en citerais bien davantage, mais la place m'est mesurée. Moins à l'étroit, je pourrais taquiner M. d'Offoël sur sa prosodie, lui montrer qu'à tout moment, sans nécessité, les articles se trouvent sur les temps forts, etc., etc.

Du moins, je veux lui chercher querelle sur l'insuffisance littéraire de son travail, lui reprocher de trahir sans cesse la langue, comme la pensée, de Wagner, et lui rappeler ces lignes d'un auteur qu'il doit apprécier : « Il est puéril et anti-artistique de chercher à rendre les pensées et les images puissantes de Wagner par la phraséologie en usage dans la majorité de nos opéras (1). » Or, dix fois, vingt fois, comme dans le pire livret, les phrases de M. d'Offoël sont complètées par des explétifs anti-artistiques et puérils : *Ah ! Oh ! O ! Oui ! Non !* etc. Un passage comme *Auf ! lach'ich im heiligen Lust* devient « Libre, plein d'espoir et vainqueur », ce qui est à la fois une lamentable platitude, une inexactitude littéraire, un remplissage piteux, enfin une trahison pour le poème aussi bien que pour la musique, dont le mouvement et le caractère exigent tout autre chose.

Ah ! la musique ! On ne m'ôtera pas de l'idée que M. d'Offoël la méconnaît aussi complètement que la langue allemande ; que n'a-t-il appris avant de traduire Wagner, ce qu'est un membre de phrase musicale, une cadence, une demi-cadence ! S'il se doutait de l'importance d'un mouvement mélodique, on ne trouverait pas dans sa traduction ici, là, ici encore, une phrase qui conclut lorsque la

---

(1) M. Jacques d'Offoël en sa préface.

phrase musicale (comme celle du texte allemand) poursuit, ou *vice-versa*. Lui qui déclare sa machine faite « essentiellement en vue du chant » il écrit, dès le début du *Ring :* « Vois comment nous — *res-piration* — glissons dans la pourpre. »

Je serais curieux qu'un chef d'orchestre fit chanter cette traduction, pour « voir comment il — *respiration* — trouverait la chose. »

Et des maladresses, comme « Wotan semble presque un grison » qui semblent transformer le souverain des dieux en aliboron.

Et des obscurités rocailleuses comme « Cœur brisé, pend Freia, la pauvre, sur leur échine. »

Et tant d'autres choses!

Allons, allons, ce n'est pas encore ce pauvre essai qui fera oublier les travaux consciencieux, et profonds et si réussis d'Alfred Ernst.

Trois Poètes

Dans une tonalité discrète et douce, avec des mots fermes qui savent bien peindre et bien rendre, avec des mots tendres qui savent bien envelopper les sentiments les plus ténus, en une langue à la fois riche et sobre, M. André Rivoire chante *les Vierges*, les jeunes filles et les jeunes nonnes, les fiancées et les exilées, les premiers émois et les dernières agonies. C'est de la blancheur, une blancheur convaincue et savante, et c'est aussi du gris, un gris très-joli, un peu voulu, un peu involontaire; vers sonores, pensées belles, — trop belles peut-être, car ces sentiments trop vibrants d'honnêteté, ces respects trop profonds, cette pudeur trop rougissante, cette innocence et cette sublimité à jets continus, cette inlassable mélancolie méditative, rappellent à certains Lamartine, ou Victor de Laprade, ou Charles Fuster... L'âme de celui qui signe André Rivoire est une âme grave; il dédie ses vers à des élèves de l'Ecole Normale, à des professeurs, à ses parents: il demande une préface à

M. Sully-Prudhomme qui sort — à peine — de la philosophie en
prose pour lire ces vers, et leur décerner des éloges tristes. A cette
préface compromettante succèdent naturellement des vers parnassiens, soigneusement, férocement parnassiens. A peine si dans
un petit coin, M. André Rivoire, voulant marquer qu'il est de son
temps, se risque à remplacer l'éternelle rime par une assonance
d'ailleurs très riche et très-complète, et il hésite et ce sont de vraies
rimes, puis l'assonnance trop riche et ainsi de suite ;

LA BELLE AU BOIS DORMANT

Elle a dormi cent ans, commme en rêve, parmi
La pensive langueur des choses endormies...
Cent ans déjà! cent ans qu'un charme a clos ses yeux!
La vie a délaissé le parc silencieux,
Tous les bruits, sur un mot magique de la Fée
Depuis cent ans, aux creux des murs sont étouffés.

Le système est peu révolutionnaire, et c'est là une concession,
peu inédite d'ailleurs, dont serait mal satisfait l'admirable et inquiet
poète qui se nomme Vielé Griffin. — Mais peu soucieux des éloges
de Francis, M. Rivoire se réfugie dans l'ombre de M. Sully Prudhomme, ce qui ne l'empêche pas de réussir de beaux vers :

Alors, très douce, en un murmure de ses voiles,
Comme pour se donner, dans l'ombre, infiniment,
Sous le ciel de tendresse et de recueillement
Elle ouvrit, d'un baiser, ses yeux vers les étoiles.

*
* *

M. E. Soubeyre, lui aussi, parle beaucoup de vierges, de voiles
candides et somptueux, de communiantes et d'enfants. Il dit les
voyages mélancoliques, et les nostalgies, et tout le charme et toute
la douleur des souvenances, et les rêves qui passent, impalpables et
lourds, sur une trame de langueur et d'anxiété. Il module des hymnes à la louanges des seins de femmes. Il chante en vers calins et
longs :

Nous avons vainement sous les ramilles nues
Cherché quelque humble fleur, oubliée en chemin
Puis nous sommes partis sans nous dire à demain
Et nos sanglots tintaient au cours des avenues.

ou en petits vers courts et navrés:

Le léger
Brick où je suis passager
Pour un long, très long voyage
C'est la Vie. O dur mouillage
Où l'espoir est naufragé!

Il y a dans ce *Royaume d'Eve* un effort vers le mieux, une recherche passionnée et parfois experte de rhythmes nouveaux, mais à côté de pièces adorables dans la manière du merveilleux Henri de Régnier, j'ai eu le regret de lire des choses qui pourraient être signées par le dernier Eugène Manuel venu. Et pourquoi M. Soubeyre parle-t-il de têtes « effigiales»? et quel plaisir dépravé peut-il trouver à « périgriner » au lieu de pérégriner — tout bonnement?

N'importe! En vingt passages se décète un poète de race, et cela suffit.

**

Madame Madeleine Lépine qui nous avait donné l'an dernier ce recueil de tristesse et de passion qu'était *la Bien-Aimée* publie maintenant à la librairie de l'Association: *le Voile de flamme*. C'est encore de la passion et du rêve: lentement, s'avance le cortège des illustres malheureux et des inconnus qui souffrirent parce qu'ils aimaient; c'est un harmonieux défilé d'infortunes et de martyres, une dolente théorie de femmes en deuil, et d'amants en pleurs; c'est Rizzio et c'est René, c'est Kassandra et Mademoiselle de Lespinasse, ce sont des maris jaloux et féroces, des Brahmes sublimes qui rappellent le *Chariot de terre cuite* et les poèmes de Leconte de Lisle, c'est Marie Egyptienne et une Saïnara terrrible que n'a point conçue Ernest d'Hervilly, ce sont de brèves et de belles évocations du *Sympôse* et du *Ramayana*, du *Cantique des cantiques*, d'*Eloa* et du *Romancero*.

**

« Le teint très brun, si j'en crois son portraitiste Malpy, les traits irréguliers et souriants, les cheveux noirs plaqués en masses lourdes, les yeux vifs sous le lorgnon ou voilés de mélancolie, avec, dans l'ensemble de la physionomie, je ne sais quel contraste qui décèle en même temps de la timidité et une ingénue confiance, tel est André Rivoire, l'aimable poète des « *Vierges* ».

Les Veber's

Presqu'à chaque page de ce livre se silhouettent deux têtes dont un crayon à la fois railleur et tendre a traduit harmonieusement toute l'élégance impertinente, toute la mélancolie corrosive. Le lecteur se penche sur ces icônes et, à mesure que les pages se suivent — (sans se ressembler autrement que par leur incessante variété et leur excellence obstinée) — le bon lecteur qui contemple, éperdu, les yeux candides de Pierre, les doux yeux alanguis de Jean, se demande : « qui sont ces hommes (ou ces Dieux), qui m'apparaissent sous le masque des sourires les plus criminels, sous le leurre des vêtements les plus bizarres depuis la tunique de forçat jusqu'à la casaque de ministre ? Ici, ils saluent avec une grâce qu'eût enviée M. de Coislin, là, ils estourbissent avec la plus quiète volupté, ils s'épandent, ils s'épanchent, ils se multiplient, partout présents, partout insaisissables, promenant leur majesté double et une parmi les deux cents pages de cette épopée, suivis et précédés, détestés et aimés de la horde lourde, de la théorie éplorée de leurs sujets, de leurs victimes ? qui sont-ils ? que croire... que croire ! » Et le pauvre lecteur considère encore une fois les deux figures fatidiques, cependant que tout autour d'elles l'Empereur Guillaume savoure perfidement un calumet de paix, que M. Jules Lemaître s'éplore en une redingote navrée et que des agents écoutent, non sans une sollicitude familière, les confidences d'un anarchisme imprévu susurrées par les compagnons Brunetière, Willy, Jules Simon et José Maria de Héredia. Puis les images sont si délicieusement adéquates au texte que le lecteur renonce à ses soupirs, à sa curiosité, et se laisse charmer — tout simplement.

Répondons : Lecteur, ces hommes habiles à essaimer ainsi leur sourire et leurs grimaces sont des poètes et des philosophes qui savent voir la vie en sa nudité la plus pitoyable, l'étudier en ses tares les plus touchantes et la revêtir ensuite des fictions les plus charmeuses. Ce Pierre Veber est toujours le Pierre Veber qui, dans le déjà légendaire *Chasseur de chevelures*, avait assumé le sacerdoce de « Déformateur du réel » au risque d'être poursuivi pour usurpation de fonctions publiques. Ce Jean Veber est toujours le poète des *Contes de fées*, le poète qui rêva la couverture des *Mimes* de Schwob, le poète qui prêta des traits définitifs à la fuyance ascétique et méditative du Paphnuce de *Thaïs*, et c'est aussi le symboliste qui nous offrit l'an dernier, en des teintes horrifiques, l'horrifique cauchemar des culs de jatte dont la poursuite monstrueuse s'acharne sur un or éclaboussé de sang. Du jour où Pierre se pencha sur la vie du haut de sa fantaisie, du jour où Jean se pencha sur la vie du haut de ses rêves doucement étoffés, du jour où ils unirent contre la laideur de la vie leur plume et leur crayon, ils n'eurent pas besoin de s'engager par serment à écrire, à dessiner les pages les plus sagaces et les plus légères ; ce n'était pas la peine : le livre était fait. Ils n'eurent qu'à attendre nonchalamment le jour où devait paraître le feuilleton, puis le jour où assez de feuilletons avaient paru pour que le volume fût un volume.

Mais pourquoi donc alourdir d'un commentaire ces portraits d'une si cruelle fidélité, ces exégèses si subtiles, ces paradoxes si aigus ? Laissons le lecteur goûter à son aise l'irrévérence du *Conte de Noël* qui termine le volume, laissons-le revenir à la narquoise et savoureuse préface qui l'ouvre...

Fragiles

Sous ce titre d'une coquetterie modeste, *Fragiles,* alliciant comme un sourire peureux, Louis de Robert réunit de petits drames et de petites idylles, eaux-fortes et pastels, traités avec une souplesse jolie. En une langue parfois précieuse sans être prétentieuse, preste parfois mais qui sait se garer de la sécheresse, charmante toujours, c'est la comédie des amours brèves et des larmes qui durent, la Comédie de la vie, soulignée de ci de là par un rire fluet, timide un peu, et qui s'étrangle parce que le rêveur sait trop que ne s'éveilleront plus les Belles défuntes de Jean Lorrain, les Espérances fées « de longs glaïeuls flétris et de lys morts coiffées ».

Savoureux, cet *A sa table* qui se souvient de Jules Renard, (mais pourquoi une Parisienne mange-t-elle du potage, à midi) ? D'autres tableautins, plus personnels, me plaisent mieux encore : *Déjà,* l'attente énervée, cruelle, puis désespérée, de Fanny-aux-bandeaux-plats « espérant » en vain dans un café, accoudée sur les gazettes de Pierre Véron, (gaga charivarique) la venue du beau garçon qui s'est, après une seule nuit, envolé ; *Torture d'âmes,* drame bourgeois d'un âpre et sourd navrement ; le *Roman de Chesnel,* adorable d'ironie câline.

Visions délicates, notations subtiles d'un Parisien qui connaît les furtifs regards tendres échangés au détour d'une rue, les trottoirs suivis « sous la pluie », les « Inconnues » irréprochables qu'on retrouve, l'alliance à l'annulaire, sur les lits des maisons de passe la veille d'une échéance lourde, menus chefs d'œuvre ciselés par le penseur qui, naguère, écrivit *Un Tendre,* par le poète qui, aujourd'hui, sous la capote bleue, s'amuse au maniement éternel des armes, à la caresse du fusil.

Le Satanisme et la Magie

La critique la plus féroce et la plus injuste du livre de M. Jules Bois, ce fut le dessin que publia Steinlen, dans le *Gil Blas illustré*, pour annoncer l'ouvrage : Fille échappée d'on ne sait quel lupanar en un échèvèlement stupide, vieille femme lubrique et bâveuse, sorcière ambigüe qui pourrait être un sorcier (et quel sorcier ! un Joseph Prudhomme hypnotisé gardant en son délire sa niaise majesté), bête à peine fabuleuse volant à travers les airs sur une ville vague, d'un air morne, telle était l'image de Steinlen. Mais n'était-ce pas plutôt la critique, la satire, la caricature... ou la photographie implacable du Satanisme et de la Magie ? Je me le demande après la lecture de ce poème énorme, de ce dictionnaire si copieux, de cette élégie si tendre qu'est le livre. Un beau livre, certes, qui sait — science difficile — n'être pas ridicule et n'être pas trop habile, ne pas trop sourire et ne pas trop frémir, rester terrible, timidement amusant presque sans le vouloir, captivant sans roueries, livre qu'on ne peut s'empêcher de redouter, de haïr, et d'aimer.

*.
* *

Poète quoique savant, mage et pourtant historien, dramaturge et malgré cela philosophe, et avant tout écrivain français, parmi les plaisanteries et les envoûtements, parmi les cris, et les prières, et les folies qui sont les reposoirs de cette procession étrange puérile et terrible, les étapes du chemin qui mène de cette vie à la vie inimaginable de l'enfer, Jules Bois s'avance ; non pas calme et froid, en explorateur très-moderne, en fûté reporter, il marche lentement, pèlerin naïf, et peut-être laborieusement naïf, chargé d'enthousiasme et d'indulgence, lourd de terreur, de foi et d'exorcismes, les bras embarrassés de baguettes magiques et de goupillons. Autour de lui scintille lugubrement le pernicieux halo des feux de Satan, un tourbillon de poussière fétide et empoisonneuse l'enveloppe, un vent de mort secoue les antiques grimoires, les pactes infâmes qui ont donné des âmes à Satan... puis tout retombe dans « une paix ténébreuse et lourde de mystères » (1).

(1) Haraucourt. *Solitudes.*

Curieuse, bien curieuse, l'attirance de Bois vers l'Être de néant qui peut donner la vie, vers l'Être de désolation qui peut donner toute volupté, vers l'Être de misère qui peut donner toute richesse, et dont les plaies nous apparaissent peintes et plaintes avec du sang, avec des larmes. A travers des figures un peu bien correctes, un peu bien affadies par Henri de Malvost (qui eut tort de ne pas leur conserver toute l'horreur violente des estampes du Tarot auxquelles furent demandées leurs attitudes) l'évocation se poursuit, continue, perpétuelle, du Mauvais bienveillant et propice, du Malheureux toujours souriant; et autour de lui, derrière lui, hideuse et pitoyable, se déroule la théorie de ses fidèles, de ses amantes, les mages et les sorcières, l' « Anarchiste » et la Fée, la Femme, démon et ange, mais plus souvent démon, dans un fouillis de serpents et de crapauds, cependant que l'air s'empuantit d'effroyables relents émanés de festins ou l'on mange la chair humaine, et que résonnent de sombres litanies, des soupirs rituels, des rires cabalistiques et des paroles qui font mourir.

⁎

Cependant — il faut le dire — Satan paraît trop et trop peu. Partout on le sent, partout on le voit, et il n'est réel nulle part. Il est présenté, il est prié, il est honni en prose trop belle, trop élégante, en des phrases que trop volontiers aurait signées ici Michelet, là Huysmans (qui allume au seuil de ce livre une rougeoyante préface), ailleurs Péladan. Parfois je trouve l'embrasement de ce bûcher réglé trop à point, le soufre trop raffiné, les loups-garous trop propres. Je voudrais l'éclat furieux de certaines pages — puissamment sataniques celles-là ! — de Paul Adam : je regrette de ne pas respirer l'odeur de la poule égorgée, du sperme de bouc, de l'urine de taureau nécessaires à la cuisine infernale ; ces nécromans me semblent habillés par Dusautoy, au pis-aller par la *Belle Jardinière* ; bref, l'horreur ne me saisit pas assez simple, assez profonde. Il aurait fallu là une naïveté moins somptueuse et, peut-être plus savante, celle de M. d'Astarac ou du jeune Tournebroche (mais ce sont gens maintenant plus occupés de la Très-sainte Vierge, et le cher Anatole France sourit plus volontiers au Moyen-âge des saints qu'à celui des sorciers).

En tous cas M. Jules Bois a écrit un livre d'irrésistible attrait pour ceux, chantés par Yvanhoë Rambosson « dont l'âme s'est ouverte au vent des défaillances ». Mais que son Diable fait donc de façons pour apparaître, et promettre beaucoup, et donner peu de chose ! Le Bon Dieu est d'un abord plus aisé.

Pays et Paysages

M. Pouvillon nous promène dans le pays de Jean de Jeanne et de Bernadette, de Cezette et des Antibel, plus loin aussi, après des montagnes souriantes et des fleuves babillards, il nous guide à Menton, vers l'Italie qui hésite, qui naît à peine avec son ciel bleu et sa terre dure. Il nous fait entendre des carillons, admirer des saintes alanguies, des vitraux caressants, des pleurs et des extases de nonnes, des regards éternellement tournés vers la Dame du pays, Notre-Dame de Lourdes ou Notre-Dame de Caus.

Les hôtels déserts, les vallées vides et les bals pleins où saute la maladie, il nous les montre en une page horriblement savante, digne d'un Holbein qui aurait lu les traités de médecine littéraire composés par Maurice de Fleury. Puis voici Monte-Carlo et Montauban, des bouquets de roses et des poitrinaires, des musiques militaires et des coccinelles, des solitudes et des douleurs et des tendresses. Oh ! l'admirable Midi sans fâcheuse exubérance, sans odieuse gaité, grave, un peu dédaigneusement mystique et presque silencieux ! Oh ! les admirables poèmes en prose où sont peints ces paysans qui labourent, et ces paysannes qui lentement deviennent voyantes, puis, un beau jour, s'en vont prier très loin et murer leur enthousiasme en un couvent, avec l'ennui de n'être pas encore mortes et de ne pouvoir jouir, en leur humilité, des gloires sans fin et du repos de conscience qu'on a près de la Bonne-Dame. Pages tombées de *Bernadette de Lourdes* ce « mystère » simple, touffu, grouillant, vivant, parfumé de l'odeur forte de la terre, et de l'encens subtil des cathédrales, pages glissées des *Antibel*, cette tragédie rurale où la voix de la fatalité pleure et gronde et réclame sa proie, mots qui volètent, qui halètent, qui soupirent et qui chantent le long des causses et des ruisselets des Alpilles bleuâtres et des Pyrénées noires.

Le livre de M. Pouvillon est à la fois très joli et très beau, c'est le même joli livre, le même beau livre, que patiemment, sans lassitude, sans faiblesse, avec la même science et le même bonheur, M. Pouvillon nous donne presque chaque année.

Le Midi bouge

Des jambons et des œufs à la coque, d'honnêtes gendarmes et d'honnêtes voleurs, des tambours et des tambourinaires, des cigales et des bossus, voilà ce que nous offre le poète, toujours charmant, toujours divers, que Charles Maurras, un jour que Minerve souriait, appela national-fédéral.

Et quel délicieux Midi que le sien ! Délicieux parce qu'il est le Midi qui ne bouge pas. C'est le midi qui ne se dérange même pas pour aller à Nimes ou à Tarascon, le Midi qui reste chez lui et qui, grâce à cette sagesse un peu dédaigneuse, est adorable, tout grec et tout provençau, tout braves gens, tout sourire. M. Paul Arène nous donne de petits chefs-d'œuvre, (pourquoi petits ? des chefs-d'œuvre, tout simplement), les uns d'hier, sans l'agaçante fraicheur de la trop grande nouveauté, les autres d'avant-hier et toujours aussi frais, aussi piquants, aussi pimpants, qu'ils chantent les gens de Roquevaure et « les œufs salés naturellement » ou les lanterniers et les deux ivrognes, ou le petit bossu qui sut être soldat et reculait si peu devant le sac — ohé ! Mirman ! — que c'était le sac qui reculait devant sa bosse et la voilait amoureusement.

C'est toujours de la bonne humeur et de la belle humeur ; c'est toujours l'auteur de *Jean des Figues* et de *Domnine*, avec la coquetterie de sa barbe grisonnante et de son sourire aujourd'hui plus bonhomme, plus bienveillant et moins dédaigneux ; c'est toujours l'amant de la *Gueuse parfumée*, le chevrier de la *Chèvre d'or*, qui joue de sa flûte parmi les montagnes câlines et parmi les caresses de Paris. C'est toujours le conteur le plus habile, le plus discret, le plus savant, celui qui sut faire revivre la Tarasque malgré Daudet, qui sut courir les taureaux malgré Sévérine, qui sut empêcher de mourir le félibrige malgré les félibres, et qui sourit à Mistral, à Florian, à Anatole France, à Racine, cependant que, très doucement, il laisse lui sourire le talent, la grâce, le succès.

Le Dernier Bohême

Des articles de François Coppée et des chansons de Mademoiselle Auguez nous ont valu un grave buste d'Henry Murger, des banquets à quarante et à treize sous, des discours de MM. Guy de la Farandole et Poincaré, enfin un livre de M. Raymond Maygrier. Un livre ? un chaos plutôt, ce *Dernier Bohême*, une chose bâclée en quelques jours, en quelques heures, sans ordre, sans but, sans autre désir d'art que celui de profiter d'un instant, d'une date, d'un nom. Même la jeune fille qui, de loin en loin, y promène — et pourquoi ? — sa silhouette pleurarde et noceuse, s'appelle Mimi.

Protégé par un séminariste qui a pour frère un garçon de café, le dernier bohême habite la brasserie, rime des vers stupides, adore des traînées qui se fatiguent rapidement de sa dèche, bref, il fait tout ce qui concerne son état. L'auteur mêle en une incohérente salade Rodolphe Salis, le pauvre Dubus, Barré, Lebiez, Jules Lévy, des réclames pour un café laborieusement renaissant, des oraisons funèbres sur des caveaux fermés par autorité de justice, du vieux-neuf, des antiquités maladroitement retapées, du toc, tout un ensemble de truismes hagards, de lieux-communs, de ficelles usées, de suicides qui ratent. Le style ? Un reporter de feuilles départementales en rougirait.

Et le buste de Murger s'attriste toujours parmi le Luxembourg. jusques à quand ?

La Police et les Chouans

« Le commerce des chouans reprend », dirait Laurent Tailhade,
et vraiment partout ils s'égaillent, parfois même ils nous égayent,
les garś ! Après les vendéens et les vendéennes d'Henri Amic, avec
accompagnement de drapeaux tricolores et de blancs drapeaux, de
Pugnos, de pianos pugnaces et de bravos, les chouans de M. Roger
Lambelin, de Charles Foley (*Cœur de roi*, oh ! les dessins de la Gan-
dara) ! et le passionnant roman de *Chantereine*, où Georges de
Labruyère jette Cadoudal contre Fouché, l'or anglais contre les
policiers du premier Consul, c'est aujourd'hui le livre consciencieux
et plein de trouvailles d'Ernest Daudet, à la fois un résumé remis
au point de toutes sortes de romans, et l'amas des plus étranges et
des plus singuliers matériaux pour des livres à faire, une enfilade
d'actions follement héroïques et de vols rangeux.

C'est Cadoudal et le plombier Gogué, c'est M. de Rivière et le
notaire Lefebvre, c'est Fouché et Suzannet. Attachant et pittoresque
méli-mélo de gendarmes traitres, d'évêques constitutionnels qu'on
assassine, de sénateurs qu'on enlève, d'attaques de diligences,
d'agences de conspirations, d'évasions, de fusillades ; hommes et
femmes, superbes et infâmes, massacrent par amour des lys et se
prostituent pour l'amour du Roi. C'est le plus extraordinaire roman
d'intrigue avec toujours le même dénouement, la guillotine qui, sur
les côtes bretonnes ou en ces coins perdus de Vendée, en face de
Jersey ou à Caen, dresse sa sveltesse horrible.

Tout ce grouillement de chouans, de secrétaires de mairie qui se
déguisent en gendarmes, de gendarmes qui — facilement — se
travestissent en brigands, amuse, intéresse, passionne, en son allure
sage, sans méprisable habileté, sans trop savantes mises en valeur.
M. Ernest Daudet a écrit là un bon livre, utile et précieux.

Les Gens Chics

Je tiens Gyp pour un grand philosophe, écrivait jadis Anatole France. Et si l'on me demande comment je l'entends, je répondrai que je l'entends comme il faut. Est dit philosophe, celui qui recherche les effets et les causes. Ce n'est point proprement la manière de Gyp. En fait de causes, Gyp n'en connaît guère qu'une : c'est celle qu'on appelle poliment l'amour...

Nous avons changé tout cela. Vraies après *les Séducteurs*, ces définitions ne s'appliquent plus à la Gyp actuelle ; celle qui d'un trait si joli et si fin croquait Loulou, Fred, Bob, grave à l'eau forte aujourd'hui. L'amour, elle n'en parle plus. La cause unique, c'est l'argent. Ses « Gens chics » s'enjuivent, laissent aller leurs principes, leurs noms, même leur élégance, à vau l'eau, à la va te faire youtre. Le Ghetto envahit le Faubourg ; et partout, dans cette satire en couleurs, c'est des courbes de nez astucieuses et impérieuses, humbles et émouvantes, des courbes de regards hargneuses et peureuses, lâches et cruelles, des courbes de mains avides et terribles, des courbes de pieds sataniques et sadiques.

Que ce soit Joyeuse aux redingotes fatales, ou le beau Montespan, ou le joli petit Jabo, tous épousent les filles des Kleeberig, des Schlemmerci, ou du moins flirtent avec elles ; tout le Gotha chasse chez cette noblesse du Golgotha ; pour se venger de leur déchéance, les invités d'un baron youpin percent de trous les cloisons des chambres à coucher et regardent les femmes se déshabiller, les jeunes filles aussi.

Le livre est découpé en dialogues incisifs, narquois, savoureux, que rehaussent des enluminures violentes. Mais pourquoi ne railler chez les *Gens chics* que l'admiration naïve de Georges Ohnet et de Marcel Prévost ? Autrement piquante et vraie serait une étude sur leur enthousiasme de commande pour les livres de Mallarmé, d'Anatole France, de Gyp, qu'ils achètent beaucoup, qu'ils lisent peu, qu'ils ne comprennent pas du tout.

Flottille dans le Golfe.

Henri Mazel lance sa flottille sur un golfe de leurre et de rêve, un golfe de mélancolie où volètent dans la nuit des prières, des soupirs, des cris de désespoir et de lassitude ; et cette mer pourrait bien être une mer de larmes, agitée doucement ou ardemment par des sanglots et des râles. Après des pages brèves et aiguës qui raillent telle vanité de jurisconsulte, et telle naïveté de romanciers naturalistes, une longue théorie se déroule, d'apologètes, d'enfants vieillis et de philosophes « en cortège » ; puis des proses ardentes qui frémissent, qui caressent, qui savent mélancoliquement et tendrement sourire.

En la langue discrète qui jadis fit le charme de *Vieux Saxe*, en la langue forte et parfois âpre qui vibra dans le *Nazaréen*, en la langue acerbe et un peu autoritaire de *Saint Antoine affirme*, c'est le spectacle si divers et si un, nuancé et à peine changeant, de notre pauvre petite existence de projets contrariés, d'espérances en déroute et de vanités puériles, c'est notre faiblesse sans cesse marquée (oh ! l'incessant défilé de lunettes, de binocles, de monocles, de myopes, et de myopies) ! et nos pauvres joies qui battent de l'aile, qui s'exaspèrent, qui agonisent et qui meurent. Un accablement grandit et s'élève en ce volume qui a voulu être maigre, qui monte par dessus la tête des philosophes, des jurisconsultes, des femmes de libraires, des ducs et des ombres, promenant parmi ces pages leur néant et leur tristesse ; et tout se termine sur des soupirs, sur un éploi de terreurs, sur un sursaut d'horreur, ainsi que doit se terminer tout voyage parmi des romanciers naturalistes, des symboles et des musiques; tout voyage parmi les femmes, parmi les hommes, parmi la vie.

Minutes d'Orient

Ce serait presqu'un voyage parmi les cercles les plus ouverts du
boulevard et d'ailleurs, parmi les alcôves les plus ouvertes aussi, et
les restaurants le plus connus, voire quelques Bouillons Duval, ce
serait un voyage parmi les hippodromes et les vélodromes, depuis
Buffalo jusqu'à Deauville puisque nous retrouvons en les pages
élégantes d'Alexandre Hepp, le roi de carreau (pardon, le roi Milan)
que naguère, avec la cruauté d'une image horrifique, nous présen-
tait Jean de Bonnefon, et « le petit roi de Circassie » que blaguent
doucement dans les airs, en le treillis de la tour Eiffel, les couplets
déjà célèbres de MM. Gaston de Caillavet et Alphonse Franck.

Et pourtant ce n'est pas un voyage d'opérette, mais un voyage
diapré des plus somptueuses visions de paysage, du reflet le plus
majestueux d'uniformes qu'égayent aiguillettes et décorations,
écharpes et chamarrures, avec, ici et là, la tache flamboyante de
quelque mosquée, de quelque couronne, cependant que, dans la
pénombre, des yeux d'odalisques, à peine entrevus, disparaissent,
laissant un peu de leur grâce languide, de leur lueur navrée.

C'est plus qu'un voyage, c'est plus qu'un reportage international,
qu'un relevé de menus princiers (exquis) et de paroles princières
(moins exquises), c'est plus qu'une incessante promenade parmi les
salons du roi de Serbie, du prince de Bulgarie et des favoris de
M. Théodorof, président du Sobranié bulgare — c'est un petit roman
où l'auteur âpre de *l'Epuisé* et du *Lait d'une autre* s'est laissé vivre
doucement, regarder, sentir, où il a noté la mélancolie de quelque
Hongroise, l'ardeur d'une Maryska d'auberge serbe, la teinte rose
de Philippopoli, et l'auguste grandeur de la mendicité à Constanti-
nople ; où il a fait passer un peu de la torpeur éloquente de ces
villes blanches, de ces hommes si las et si forts.

Mieux encore, les *Minutes d'Orient* sont un livre très amusant.
Rien de savoureux comme ces princes qui, pour un peu, iraient
attendre le journaliste parisien à la gare, qui lui quémandent des
interviews, qui le retardent pour avoir la volupté de lui montrer

qu'ils peuvent en son honneur faire retenir un train sous pression, qui font des frais d'élégance, qui parlent, le petit roi de Serbie avec la rhétorique que lui inculqua longuement le sympathique M. Magron, commandeur de l'ordre de Takowo, le prince de Bulgarie avec toute la correction que lui enseignèrent son éducation de lancier viennois et la surdité belge de la princesse Clémentine. Notre brillant confrère Hepp se donne le plaisir de louer et d'admirer très-sincèrement Alexandre, Milan, Ferdinand et le Sultan ; c'est coquetterie de parisien, d'habitant de pays démocratique. Mais le pantalon clair du roi Milan d'où sort une crosse de revolver (ô l'incorrigible rasta) ! non plus que la redingote ample de quelque eunuque de Stamboul ne lui font pas oublier son boulevard, que, en un piquant paradoxe, il disait naguère notre refuge contre la névrose, et les paroles augustes des souverains ne l'empêchent pas d'écrire des pages charmantes, d'une grâce aiguë, comme celles qui se nomment « La bague que j'ai au doigt », ou celles qui, amères, ironiques et puissantes, sous le titre de « La Vie pharisienne » savent peindre les boulevardiers évoluant entre le perron du Gymnase et Poissy, qui naquirent (quand) ? au quartier Monceau ou à Kazanlick.

Chants de la Pluie et du Soleil

Ce livre d'Hugues Rebell donne la sensation d'une ruée formidable hors des ténèbres, hors de l'inconscient, hors du néant, vers la lumière frémissante et pantelante, vers la Beauté et vers la Vie. L'auteur y dit ses lentes et ardentes promenades parmi la misère, parmi la nuit doucement grise, parmi le mystère du soleil et le mystère de la pluie ; il égrène les litanies de la Vierge et celles de l'action, il s'abîme en prières et en désespoirs, et partout, en chaque poème, en chaque conte, le même enthousiasme brûle, et la même inquiétude, cependant que passent, mélancoliques et hautaines, des prostituées chères, des Idées fuyantes et royales, qui glissent de

Venise à Munich, des Printemps aux douceurs subtiles, « et l'ombre exquise de la mort ». De rêveuses poésies allemandes succèdent à des sentences mollement stoïciennes, les apologues les plus modernes côtoient des légendes pareilles à celles qu'aime Anatole France, où il semble que le divin auteur du *Puits de Sainte-Claire* ait laissé un peu de sa grâce et de sa majesté, avec le sentiment le plus élevé de la Nature et du Beau. Des vers s'envolent, qui chantent la Terre, sa pauvreté et sa richesse, l'Homme, sa faiblesse et sa grandeur ; vers libres, d'un rythme certain, d'une prosodie incertaine, où se retrouvent l'influence de Francis Vielé-Grifin et de Gustave Kahn, de même que la prose d'Hugues Rebell se souvient parfois des vibrances de Mirbeau et du lyrisme désorbité où se complait Saint-Pol-Roux le Magnifique. Dirai-je encore que l'auteur a lu les Pères de l'Eglise, Platon, Dante, Gœthe, et le « Sarmate ingénieux » toléré par l'intolérance romane de Charles Maurras ? En toutes ces phrases souples, toutes ces hymnes ardentes, pleure ou s'enorgueillit l'âme de foi, de désespoir, de révolte et de sérénité, de résignation et de sursauts, l'âme de philosophe et de poète qu'est l'âme d'Hugues Rebell.

Le Débutant

Ce livre que l'auteur juge « violent, terrible » s'impose à la méditation et à la discussion, Il fait son procès à l'éducation universitaire, il attaque l'étude du latin [1]. Le « Débutant » que Baudry de Saunier nous montre entrant dans la vie, son diplôme de bachelier sous le bras, commence par se croire propre à tout, finit par se reconnaître propre à rien, rage, réfléchit, et, vers la fin du volume, tolstoïse. Soit.

[1] D'une admirable page d'Anatole France qu'on n'a pas réfutée, qu'on ne réfutera pas, j'extrais ces lignes : « Sans les études latines, c'en est fait de la beauté du génie français. Le latin, ce n'est pas pour nous une langue étrangère, c'est une langue maternelle ; nous sommes des Latins. C'est le lait de la louve romaine qui fait le plus beau de notre sang. » Je ne pense pas que B. de Saunier refuse à l'auteur de cette citation quelque compétence....

Mais de bonne foi, est-ce que Baudry de Saunier n'exagère pas, et ne cherche pas à se tromper lui-même ? Dites-moi où, en quel païs, sortant de quelle université, s'est rencontré un bachelier de dix-neuf ans assez simple pour croire qu'un seul Balzac exista, celui du XVIIᵉ siècle, assez éperdument naïf pour s'imaginer que Victor Hugo est un poète italien traduit en français ? La plaisanterie a bonne grâce, mais elle ne porte pas assez. Ce Débutant est de ci, de là, un pur niais, tiré à un exemplaire unique ; et ses diatribes contre l'Université en ont moins de poids.

Et quelle est cet université-là, dispensatrice brevetée de la jobarderie ? La nôtre ? Jamais ! L'*alma mater* est une vieille niveleuse, je le veux, qui rend pareils, d'une même médiocrité, ceux qu'on lui donne. Mais, par toutes les tripes de Quintilien, par tous les tropes de Claudien, si la plupart de ceux qui sortent, bacheliers ou non, de cette morne baraque s'avèrent idiots, c'est qu'idiots ils y entrèrent ! Le Débutant dut être pétri d'une pâte toute particulière pour n'avoir nulle notion sur rien. Car enfin, pendant les récréations, pendant les classes, les potaches dissertent de tout, sauf des « matières » qu'on leur enseigne, et ainsi du moins ils apprennent quelque chose. Mon ami Baudry de Saunier se sentira défaillir s'il entre dans une salle d'examen : il y entendra parler couramment, en termes de manuels et en termes de bastringue, de M. Zola et de l'anarchie, car le programme ne s'arrête pas à 1750 comme il le croit, et comme cela serait peut-être préférable, mais s'aventure jusqu'aux environs de 1894. Qu'il consulte plutôt telle « Littérature française » celle de Doumic ou de Lanson.

Ah ! que de choses j'aurais à dire encore ! Et comme j'aimerais discuter avec l'auteur, pour lui soutenir que le latin n'est pas nuisible, qu'il est utile, qu'il est indispensable ; pour lui objecter que les utilitaires désireux seulement d'une éducation terre à terre et pratique, n'ont qu'à frapper aux portes des Ecoles supérieures construites à leur usage, et pour crier enfin à son héros que ses souvenirs le servent mal, que l'on ne sacrifie point du tout Lamartine à Ronsard, et que je le regrette pour ma part véhémentement, car — bénissez-moi, Charles Maurras, maudissez-moi, Jules Lemaître ! — car je tiens l'honneur du Vendômois pour un poète de bien plus belle envergure que le pleurard de Mâcon.

Qu'importe ces chicanes, au demeurant, puisque ce *Débutant*, de conviction passionnée, est le livre le plus vivant qui soit, gai comme l'*Education sentimentale*, et plus court. L'humour y fuse, vivace, tapageur. Une ardente éloquence y vibre, sans déclamer. Je regrette seulement que Scapula, le Mentor de la chose, mange du prêtre, comme un cocher abonné au *Rappel*, et s'épanche contre la religion catholique « où s'est ébattue la facétie lourde des pêcheurs de Galilée, contre ce culte dont la fondation même repose, « en latin et en français, sur un calembour : *Tu es Petrus*, etc. » Je n'ai pas le droit de dire du bien des calembours, mais, mon cher de Saunier, ne contez pas à vos lecteurs (qui vous croiraient, tant vous parlez bien) qu'il n'est plus besoin de prêtres, puisqu'il existe des professeurs de bicyclette, que Jésus-Christ n'a plus de raison d'être depuis que nous possédons Michaël, et que l'on peut sans remords démolir Notre-Dame aujourd'hui que s'élève quelque part (je ne sais pas au juste où) un vélodrome Buffalo.

Souvenirs d'un Auteur Dramatique

Il y a des gens qui, n'aimant pas Henry Becque. le chinent ; ils ont tort. Cet homme, plus rosse qu'eux pour lui-même, cherche consciencieusement à faire oublier qu'il écrivit *La Parisienne*, les *Corbeaux*, et même en des siècles lointains, *Michel Pauper*. Encore s'il se contentait de la force d'inertie ! Certes les *Polichinelles* s'obstinent à ne pas être avec une persévérance qui a découragé feu Dumas de Damas et de Thèbes, mais M. Becque fait mieux, ou pis, il publie les *Souvenirs d'un auteur dramatique* ! Il se souvient de tous, là-dedans, de Sarcey, d'Abraham Dreyfus, de Claretie, de La Rounat, de Mademoiselle Nancy Martel, des jeunes gens, de Sardou, de l'Académie, et de Larroumet ; il n'y a qu'un seul homme dont il ne se souvienne pas, celui qui se nomme (ou s'est nommé) Henry Becque. On trouvera dans ce recueil d'articles des statuts, des injures, de savoureux culs de lampe de Jossot, des allusions fréquentes à la *Navette*. à l'*Enfant prodigue*, même à *Sardanapale* mais rien qui rappelle les *Corbeaux* ou la *Parisienne* : pas la moindre trace de talent, ni même de rosserie, j'entends la rosserie vraiment rosse, vraiment cinglante et spirituellement fouailleuse. M. Becque nous verse là du vinaigre qui serait de la vinasse, et quelle vinasse! aigre-douce, écœurante. Toujours Sarcey, Sarcey partout, et pas même le Sarcey du *Chat noir*, non, un Sarcey qu'on se représente après avoir lu Becque, bilieux, sournois — et maigre; un Claretie armé de l'astuce la plus diabolique, qui serait en vilenie et en atrocité un homme de génie, et tout le reste à l'avenant.

C'est de lui, ces déformations arbitrairement maladroites, ces jugements littéraires obtus, ces aveux crevants! Quelle joie, pour les ennemis de Becque, de savourer les chapitres où il se défend mollement contre l'Académie, ou il parle de « cette panade » d'*Henriette Maréchal* ! C'est ineffable. A lire certaines pages, je me suis demandé longuement, ébahi et attristé tout de même, si je lisais bien, tant la naïveté en est bébête et l'inconscience odieuse. Ça n'est même plus drôle ! Pourquoi diable M. Becque s'intitule-t-il sur sa couverture, « auteur dramatique » ? Non, mille fois non, ce n'est pas là l'auteur dramatique qui parle, qui hésite, qui bavote, c'est le modeste (oh ! que modeste) chroniqueur de journaux peu lus, qui réunit ses articulets et collige ses petits vomissements pas même méchants Aux *Polichinelles*, Becque ! aux *Polichinelles* ! songez à votre renommée déjà lasse, à votre gloire embuée ! au rideau !

D'ailleurs beau papier, bonne impression — impression typographique s'entend.

P.-S. — N'empêche que cette peste de Jacques du Tillet a déniché de vieux articles de Becque où Claretie était loué, et Sarcey également, et Crisafulli lui-même!

Le Livre de Marguerite

Un jour, m'a-t-on conté, l'adorable Félix Fénéon vint à parler d'*Hénor*. D'une voix lointaine, et ravie, et sincère, il modula : « C'est quelque chose comme *Faust*, en mieux. »

Aujourd'hui,

C'est la même chanson toujours, et la même âme,

et je gage que F. F. porterait le même jugement à lire, du même Mathias Morhardt, ces mêmes songes, ces mêmes méditations, tour à tour teintées de mélancolie et de sérénité. Ce *Livre de Marguerite* respire une douceur inquiète, qui s'épand et qui s'apeure, douceur qui revêt de beauté les arbres et les cieux, qui prête de la grâce à l'existence et, sans effort, fait oublier la terre. En ces paroles résonne un écho du verbe d'Allemagne et du verbe d'Italie, myosotis pensifs de Nüremberg, sourire énigmatique de Florence, souvenirs des ballades qui murmuraient parmi les burgs dont l'image frissonne aux eaux vertes du Rhin, rappels des sonnets de Pétrarque, d'un Pétrarque plus recueilli, moins laborieusement subtil, d'une aussi chaste sensualité, qui connaîtrait les mêmes admirables nuances dans l'adoration, et les mêmes désirs. Et, renseigné sur la richesse et la grandeur de nos vieux chants de France, l'auteur sait le trésor inexploré des jongleurs et des trouvères : voyant, il perçoit à travers les siècles écoulés notre moyen-âge, non peut-être celui de Verlaine « énorme et délicat, » mais délicat seulement — et délicieux.

Ces vers, ces hymnes, la figure de l'Aimée les illumine doucement. Oh ! ces traits qui défient la ténacité de tout pinceau, qui tremblent, qui hésitent... paupières qui veulent être closes pour que n'aveugle pas leur regard de sérénité implacable et de flamme clémente...

Le poète chante toujours, chante son inquiétude et son apaisement, le poète qui aime Verlaine, André Chénier, Jean Racine et Virgile. Lentement, le cycle se déroule, l'histoire se termine, cette histoire d'un cœur amoureux et triste, cette histoire de l'Ame humaine, cette histoire qui, derrière le plus beau et le plus clair symbole, conte les espoirs et les douleurs des meilleurs de nous.

Flavie

———

Donc, les paysages de Lorraine furent décrits qui demandaient à être décrits, et les Alpes furent peintes en teintes grises et violettes, et des ciels, et des lacs, et le ruban serein de quelques fleuves, et parmi tout cet azur, l'azur des yeux de femmes, et parmi cette blancheur la blancheur un peu rose de leur sourire. — Ce furent des élégies qui s'épandirent sur le monde, des idyl'.s qui murmurèrent, des chansons tendres qui célébrèrent sans fin la pureté et l'amour, dans des livres que depuis vingt ans, André Theuriet nous donna, timides, discrets, chuchotants. Mœurs de la campagne et mœurs de petites villes, la haine des grandes cités et l'auguste frisson des grands bois, les caresses des arbres, et le lent regard des saules sur l'eau, des barques, des bals champêtres, des demi-confidences en l'ombre complice d'un bouquet de chênes, des demi-baisers, et des demi-passions : c'est *Raymonde*, et c'est l'*Affaire Froideville*, et c'est *Amour d'Automne*, et c'est *Reine des Bois*. Loin des grossièretés du roman à tirages formidables, loin des déliquescences et des subtilités, André Theuriet a su peindre et chanter la vie douce avec la langue qui convient, ferme, rythmée, simple, doux fleurante.

Il est demeuré égal à lui-même dans cette mélancolique *Flavie*, d'un art discret et sûr, où vous trouverez des soupirs, des émois, des tremblements de cœur, la vie révélée par des cruautés et de douces angoisses, toujours le même charme et le même effort. Cette fois c'est l'histoire d'un enfant qui sans cesse se voit et s'écoute aimer, qui est peut-être aimé par Flavie un peu plus grande, mais que son âge empêche d'être « pris au sérieux ».

L'auteur a surpris les nuances les plus délicates de cet amour puéril en l'intimité de la petite église pendant que Flavie chante ses rêveries dans l'ombre de la fontaine. Personne, comme M. Theuriet, ne pouvait noter ces conversations d'enfant précoce avec la jeune fille, et ce trouble perpétuel, et ces secrets surpris, et la poignante douleur, à la fin, de voir l'Aimée (qui en aima un autre et fut déçue) choisir de petites choses pour les emporter au fond de l'Australie dont on ne revient pas. Petits mystères du cœur, petits coins de tristesses, acuité de sensations extraordinaires. La fable est simple à souhait ; un mariage manqué, une brouille de deux frères, un contrat rompu pour cause de manque d'apport, et un départ, rien de plus.

Mais autour de ces médiocres contingences, des sourires luisent doucement, des confidences d'arbres qui se penchent, chuchotent, et l'on entend frémir le murmure infini des étoiles.

Le Musicien Aveugle

Après nous avoir conté en un livre âpre comme un cri de désespoir, doux comme une complainte, d'une profondeur et d'une acuité qui seraient maladives, si elles n'étaient si hautes et si claires, en un style plein de trouvailles, avec une majesté poignante d'épopée, la vie d'un aveugle malheureux dans l'amour et résigné, de par son infirmité, à la trahison et au pardon; après ce poème des *Emmurés* qui est tout ensemble un document sur des méthodes peu connues et sur des âmes presqu'insondables, naïves avec des coins de sauvage grandeur, et de science extra terrestre, Lucien Descaves, toujours frémissant d'une généreuse inquiétude, nous donne une éloquente préface d'initiation à l'œuvre de Korolenko : *Le Musicien aveugle*.

C'est encore un roman russe et l'auteur a été, tout comme un autre, exilé et proscrit politique, neuf ans, — sans savoir pourquoi. Il a connu la froide implacabilité des rescrits impériaux et trouvé du génie dans les steppes glacées du désert d'Iakoutsh. Il nous apparaît avec cette douceur, cette perpétuelle émotion, ce regard vacillant sur les misères humaines que nous connaissons depuis que M. de Vogüé traduisit, du russe, des idées vagues en style noble et des idées nobles en style vague. Les années qui s'écoulèrent depuis cette époque lointaine nous donnèrent des hommes pour qui le moindre roman slave est un objet d'horreur. Sous le prétexte que Ronsard jadis eut du génie, ils refusent tout intérêt aux prédications du comte Léon Tolstoï. Ronsard eut, en effet, du génie, et cela n'empêche pas Tolstoï d'en avoir. Parmi les œuvres multiples de Dostoïewski certaines vibrent d'une vie émotionnelle extraordinairement puissante, si d'autres rampent molles et fades comme les romans de Madame Durand-Gréville.

C'est en littérature que le mot « Eclectisme » reste charmant : on peut admirer et aimer tout ensemble les livres d'Ernest Raynaud et d'Ibsen, de Hugues Rebell et de Gogol, *Le Diable est à table* et *La Guerre et la Paix*, *Le Chemin de Paradis*, et *Crime et Châtiment*. Aussi, Ernest Jaubert qui avec M. Léon Golschmann, nous donna la traduction du *Musicien aveugle*, a-t-il eu raison de ne pas trembler devant les anathèmes que le divin Moréas et le divin Maurras jettent sans lassitude sur la Norwège, sur l'Ukraine, sur Shakespeare et les Sarmates. Après sa poésie ingénieuse et pensive de la *Couleur des Heures*, la poésie de Korolenko devait le séduire, lente, câline, parfois profonde. Rien n'est plus simplement beau que le martyre de cet enfant sans yeux, qui souffre de ne pas voir, qui souffre plus profondément de comprendre que son infirmité fait souffrir et apeure une petite fille, et qui peu à peu, après des désespérances et des révoltes, s'apaise, se résigne et condescend au bonheur.

Si vous avez le temps, comparez la traduction éditée par Perrin et celle de M. Fernand-Mallieux que vient de publier l'*Indépendance belge*, mais surtout retenez ce nom dont Descaves a si bien dit que les syllabes résonnent comme le chant du coq saluant l'aurore : *Korolenko !*

Thulé des Brumes

Le public deviendrait-il plus intelligent ? Il faut le croire puisqu'on va publier une seconde édition de *Thulé des Brumes*, œuvre ancienne que M. Adolphe Retté a dépassée depuis, en sa course vers le Mieux, mais pour laquelle j'ai conservé, toujours, une particulière tendresse.

Le rêve, cette seconde vie que nos pas résignés de mélancoliques voyageurs traversent à l'heure où la vie réelle flotte autour de nous comme un voile de funérailles, l'insaisissable réalité du Rêve, éclose du sommeil des haschichins, devait tenter ce subtil esprit, à une époque lasse de réalisme brutal, ivre de toutes les incarnations du songe.

Un livre devait résumer esthétiquement cet état d'âme. Ce livre, où la magie de l'art et de l'opium nous reconduit, hôtes charmés, dans les vaporeux palais nomades des *Paradis artificiels*, s'est formé peu à peu dans l'esprit délicatement oseur de Retté. Commencé à Paris, en octobre 1889, il fut achevé à Tours, en janvier 1891. Automne, hiver, ce sont bien les saisons qui conviennent à l'évocation de l'Ile lointaine, enténébrée, « si perdue au fond de la mer boréale qu'il faut être *Nous* pour la connaître ; ile légendaire et nostalgique aux bons poètes »... Mais, y a-t-il encore des saisons, des heures, des décors et des paysages pour l'âme captive du Haschich ?

Cette mystérieuse et baudelairienne *Thulé* n'est que la cité intérieure qu'habite le Songe, prince hautain et solitaire ; et le livre, plein de frissons nouveaux, où l'artiste depuis peu réveillé consigne son rêve, c'est le miroir des légendes toutes subjectives.

Une curieuse citation d'Egœus manifeste nettement cette transposition complexe qui rend le songe palpable comme la réalité, et la réalité fumeuse comme le songe :

> Ce sont choses crépusculaires
> Des visions de fin de nuit ;

et le véritable auteur d'une pareille hallucination écrite, c'est la Folle du logis, dont s'est toujours un peu méfiée la clarté latine ; c'est la reine Fantaisie qui règne aux bleus nocturnes de Shakespeare, de Gérard de Nerval et de Henri Heine.

Pourquoi faire à M. Retté l'injure d'analyser son œuvre ? L'envol crépusculaire des visions intimes ne se laisse pas mettre en cage. La meilleure analyse et le plus vif éloge que l'on puisse faire de *Thulé*, c'est de la lire jusqu'au bout, charmé. De tels volumes passent trop vite, comme les belles *Passantes* et le *Plein rêve*. Depuis les vers hardis du *Prologue*, depuis les *Fumées nocturnes* et les *Ombres de la nuit* jusqu'à cette exquise *Philosophie du pauvre* qui rêve encore, éveillé, seul en cette chambre où furent des joies, — et dont la mélancolie s'attache à l'essence des choses, — M. Adolphe Retté nous apparait comme ces artistes étranges qui conservent dans le rêve leurs facultés créatrices, qui produisent en songeant.

La forme de M. Retté, romantique et wagnérienne, néologique, séduisante, vespérale, à la couleur imprécise, est très adéquate à l'idée, et le parfum rare qu'exhalent ces proses convient harmonieusement à la rareté du phénomème intellectuel. Devant Thulé brumeuse, le poète peut s'écrier : « Ah ! tu le sais comme moi, c'est bien là notre ile. Tu te rappelles tant de rêveries perdues sous les colonnades sifflantes des sapins aux senteurs robustes, tant d'errances en l'or onduleux des genêts !... Les girandoles se sont éteintes, les chœurs tus,... il fait froid... Des siècles ont coulé, j'imagine, car je me sens très vieux depuis tant d'hiers »...

Le pauvre est revenu de l'Au-delà, sain et sauf, après la vie éperdue, anormale et grandiose du haschich ; comme Faust, le haschichin est sauvé. Un miracle l'a défendu contre l'abime prohibé de l'Art triste et de l'Ivresse solitaire.

« Le bonheur se fait avec des rêves ». Et quand le péril est passé, lorsqu'elle redescend dans la vie qui est l'action, l'âme est libre de garder en elle la mémoire de son expérience et l'émoi du souvenir.

De Mazas à Jérusalem

« En marche vers un grand soleil blanc couronné de rayons d'or, à travers des nuages noirs un étrange vagabond surgit, fixant l'astre d'une candide audace, éclairant la nuit du flamboiement barbu d'un menton provocateur ». Ainsi M. Clémenceau décrit la couverture qu'élabora Steinlen pour ce Bædeker libertaire *De Mazas à Jérusalem*, — avec retour. Ce vagabond, ou mieux ce *Condottiere du Bronzino descendu de son cadre*, comme l'a défini Laurent Tailhade, c'est Zo d'Axa.

Ce qu'il conte ? C'est la police parisienne et la magistrature, celles aussi des pays limitrophes, réunissant leurs brutalités contre un homme de lettres coupable d'avoir admiré feu Ravachol plus que Quesnay de Beaurepaire. (Je ne les aime ni l'un ni l'autre, mais mes préférences ne sont pas en jeu ici).

Avec une gaîté parfois sifflante, avec une sobriété souvent hautaine, Zo d'Axa nous dit les bureaux de son journal mis à sac, l'entrée au Dépôt, la comparution devant un juge d'instruction fumiste qui, projetant d'écraser l'inculpé sous l'article 266, excipe d'une liste d'adresses servant à confectionner les bandes de l'*En dehors* sans doute parce que le Code énonce : « ce crime (association de malfaiteurs) existe par le seul fait d'organisation de... bandes ».

Après Mazas, trois mois de secret, 3000 francs d'amende, dix-huit mois de prison, Zo d'Aza trouve l'occasion bonne pour se faire blanchir de ses crimes à Londres. Trois mois de brouillards et de spleen, puis, en route à la recherche de sensations inédites ! Il descend la Tamise, flâne en Hollande, trôle en Allemagne, constate l'ennui lourd de Cologne, Bonn proprette et gentille, Mayence la hessoise empuantie de soldats, l'échiquier de Mannheim ; il admire (trop à mon sens), Heidelberg, si truqué ! le *Schloss* et ses similiruines, et ses statues neuves artistement mutilées ; il traverse Triberg d'où tant de coucous s'envolent.

Andiamo ! De l'Italie ensoleillée et pouilleuse, les carabiniers d'Umberto expulsent le Malfaiteur qui embarqué à Trieste (ô l'exquis tableautin ! p. 137-139), atterrit à Patras, perlustre la Grèce d'un œil dédaigneux, échoue à Athènes où, faute du chargement attendu qui lui eût permis d'aborder le *Mega xenodocheion tôn xenôn*, boulevard des Philhellènes (loukoumi épatant) ! il passe une nuit au Parthénon, sans drachmes et sans draps, mais oublie, le matin venu, la faim et l'insomnie, en regardant au pied de l'Hymettos l'éveil de la campagne blonde.

A travers le monde, sans trève, il poursuit sa course hâtive, le Juif Errant de l'*En dehors*, Zo d'Axhaverus !

Il envie les chiens de Galata, indemnes de muselière, partant d'hydrophobie ; il navigue, méprise Chypre déshonorée par la tunique rouge du *Lobster* anglais, descend à Jaffa... Là, on l'empoigne. Qui ? Un levantin bafouilleur représentant la France. De quel droit ? En vertu des Capitulations. On lui fait le coup du père François 1er.

Après la mer, l'encellulement. *Post pelagus Pélagie.*

La verve narquoise de ce livre, son originalité désinvolte, tous l'ont proclamée. A ces qualités (précieuses, certes, mais littéraires, sans plus) je préfère l'âpre éloquence d'un chapitre merveilleux, *Sans but*, où Zo d'Axa manifeste qu'il lui déplairait fort d'être confondu avec les prometteurs de pain gratuit et les reconstructeurs bien intentionnés de la Société future, avec les assoiffés d'harmonie universelle et les bouifs obstinés au ressemelage d'utopies éculées depuis 1848. Pas de Ca-bêtise ! Non seulement les lois étouffantes d'aujourd'hui, mais aussi les théories idéalement formulées pour demain lui répugnent car si rien ne l'attache plus au présent, l'avenir, pour lui, ne se précise pas encore. Destructeur, soit ; entrepreneur de bâtisse, jamais !

Livre à relire. Dans ce texte savoureux, de savoureux Vallotton.

Journal d'un Officier de Cavalerie

En une langue sobre et nette, avec des phrases claires comme un reflet de cuirasse, le lieutenant de Milly-Tréfontaine nous dit les impressions du jeune officier enorgueilli de ses premiers galons, son entrée dans la « Grande Famille », sa passade et, quand sa théâtreuse (Marsa, de l'Odéon), l'a trompé, les chastes tendresses, si brèves, où son cœur s'épure.

On trouve plus et mieux dans ce livre où, sans pose, sans morgue, l'auteur sème des réflexions qui en disent long sur la psychologie militaire d'aujourd'hui :

« Il n'y a plus de *pékins* ; il n'y a plus que des Français armés : et c'est peut-être pour cela qu'il n'y a plus de soldats dans le vrai sens du mot. Nous avons perdu les qualités d'une élite, pour prendre les défauts d'une foule...

« Il n'est pas toujours commode de persuader au soldat que l'officier n'est pas son maitre. Aussi doit-on saisir avec empressement les occasions de lui prouver que, si la discipline est toujours rigide, elle n'est jamais dépourvue d'intérêt et même de tendresse pour ses plus obscurs subordonnés »...

Elle n'est pas éteinte, la race des officiers-penseurs qui enferment dans leur cantine, côte à côte, de Bracq et l'admirable *Servitude et grandeur militaire* ; comme Alfred de Vigny, Pierre de Milly-Tréfontaine a su mettre sur le cimier du gentilhomme « une plume de fer qui n'est pas sans beauté ».

Une Évasion

M. Gaston Deschamps, qui a écrit pour ce livre bien petit une notice bien longue, a eu raison d'ajouter au titre cet éclaircissement : « Souvenirs de 1871 ». On se serait peut-être demandé de quelle geôle avait dû s'enfuir M. Burdeau, ou l'on aurait cru qu'il s'agissait d'un petit roman.

Voici l'histoire :

Un normalien, un professeur et un marin internés à Lechfeld, qui, sous des costumes confectionnés avec des défroques de paysans et des uniformes bavarois, cherchent un chemin vers l'Autriche (parmi les factionnaires et des ivrognes, un paysage entrevu, de bonnes hôtesses dignes de Déroulède et des gendarmes), pour trouver enfin, après quelques prisons et quelques chaînes, la route de France. Du moins c'est à Burdeau que ce bonheur advient. Faure, Nux et Poichet sont oubliés en route, fâcheuse lacune.

Il n'y a pas à s'arrêter longtemps sur cette anecdote intéressante, sans un bien visible effort de style, sans autre réminiscence qu'une réminiscence de Paul Dupont (oh ! ce n'est pas la chanson du Pain !). Elle confirme ce qu'on savait depuis longtemps, ce que Burdeau laissait savoir sans cesse, qu'il avait été un vaillant soldat et un sergent méritoire. Deux blessures et la croix d'honneur ne permettaient pas de l'ignorer.

En somme, la seule évasion de Burdeau, c'est son évasion des honneurs et de la vie. Des chiffres, des discours, des ambitions tolérées plus qu'aimées, des espérances, voilà ce qui remplissait sa vie, ce qui avait remplacé, en des allées et venues à travers le Palais-Bourbon, ses promenades à travers les jardins d'Académos. Ce n'est pas à dire que Burdeau se fût jamais beaucoup occupé de philosophie. Il eut un prix d'honneur de dissertation au concours général, entra brillamment à l'école normale, traduisit Clay et Schopenhauer, professa des cours de morale que le préfacier d'*Une Evasion* déclare admirables, et produisit des élèves assez différents, tels M. Maurice Barrès et M. Gaston Deschamps. Tout cela ne nous prouve pas que Burdeau fut un Nietzsche ou — simplement — un Descartes. Mais en admettant que, tant qu'il enseigna la philosophie, il l'ignora parfaitement et n'eut qu'un souci modeste de Kant, il vit venir parmi ses préocupations de chef de cabinet, de journaliste, de député, de secrétaire d'Etat et de Président de la Chambre, des fantômes pensifs de sages et de rêveurs, Platon, Spinoza, Hume qui passèrent lents et graves, en ses veilles et en ses plaintes.... Et l'on se plait à imaginer une chose charmante, un entretien de M. Challemel-Lacour et de Burdeau, où ces deux professeurs auraient confabulé de Schopenhauer. Le premier, vieillard amer sous la neige de ses cheveux, l'avait vu, s'était assis à sa table où presque il avait admiré dans la pauvreté de la pièce le fameux Bouddha, tout resplendissant d'or pur. L'autre, en sa solitude de professeur, l'avait traduit patiemment, ardemment peut-être, et les maximes du Maître, son souvenir, la flamme de ses yeux, le sourire dédaigneux et désolé de sa bouche, tout son être devait revenir âprement autour d'eux, en cette horreur du Luxembourg et du Palais-Bourbon. Ne semble-t-il pas que M. Challemel-Lacour, cacochyme débile, accablé du poids de ses honneurs tardifs, de ses désirs trompés et Burdeau, malade, perdu de travail et de douleurs, auraient dû se consoler mutuellement au coin d'un couloir par des paroles hautes et cruelles, cependant que coulait le flot monotone et sale des politiciens.

La réalité est plus âcre. Des journaux s'acharnaient ; en des séances orageuses, des injures s'obstinaient à monter vers le fauteuil présidentiel. Burdeau élevé si haut, obligé de s'élever plus haut, d'aspirer à d'autres fauteuils, à d'autres présidences, sentait ses forces le trahir, son courage l'abandonner. La mort vint, généreuse, l'emporta, cependant qu'il frémissait, râlant, qu'il luttait non contre elle mais contre la vie. C'est là une évasion plus inté-

ressante que celle du camp de Lechfeld et il serait curieux de la
narrer, maintenant que Burdeau a disparu depuis plus d'un an.
Mais qui la pourra conter ? Monsieur Gaston Deschamps ? Vous
voulez rire !

Flamboche

Ce « roman parisien » de Jean Richepin, moins parisien que
romanesque, c'est, essentiellement, le récit des manœuvres dolosives
dont se rend coupable, pour détourner la fortune d'un sien neveu,
Louis Ferdinand Hugues baron Miérindel, bandit onctueux, directeur
de la *Conscience* fondée pour faire chanter les tenanciers de tripots,
ancien magistrat, officier de la Légion d'honneur, chauve, glabre
bouffi, lépreux, et membre de la Chambre des députés.

Avec l'aide de sa maîtresse Gisette (une ex-chanteuse de l'Elysée-
Montmartre, ex-patronne d'un *Plumes et Florina* sis rue de la Lune
ex-cœtera)... le baron, à dessein de pourrir avant l'âge Flamboche,
de l'empêcher ainsi d'arriver à sa majorité, bref, dans le but de
toucher l'héritage de cet enfant, le baron de Miérindel installe son
neveu dans la Pension, outrancièrement fantaisiste, où le directeur
Chugnard, bohème e varié, tireur à cinq, et le reste, enseigne à ses
élèves combien de gouttes d'Angoustoura doivent entrer dans la
confection d'un vermouth digne d'intérêt, leur emprunte de l'argent
et, quand ils souhaitent découcher, se fait un devoir de leur indiquer en quelles hospitalières demeures ils trouveront le complément
du bon souper et du bon gîte.

Le volé, l'adorable petit Flamboche, fils d'un casse-cou et d'une
irlandaise perdue de gin, est un laideron chétif, mais indomptable-
ment brave, qui cache sa sensibilité frémissante, ses angoisses et ses
tendresses, comme Miérindel dissimule ses vices, qui « poitrine avec
son âme » qui s'efforce vers la vertu et vers la beauté, un reste de
blague aux lèvres. Mais peu à peu, écœuré par la hideur du décor,
par l'ennui de se voir entouré de tant d'embûches, de constater que
ses amis les plus sûrs ne sont pas des héros de romans et que les

duretés de l'existence les incitent à certaines petites compromissions un peu crottées, Flamboche s'en va à la dérive, à vau l'absinthe, ne lutte plus, laisse Miérindel lui fourrer des actions de je ne sais plus quelle mine de plomb argentifère, se ruine, permet que des innocents soient condamnés et s'embarque pour le Cap.

Pendant qu'il vogue vers les colonies Sud-Africaines, trois cents louis en poche (pas plus), l'âme vaillante de son père brusquement ressuscitée en lui, allègre, des chansons d'ivrogne — héritage maternel — à la bouche, un transport de l'Etat emmène vers les bords fiévreux de la Guyane Chugnard, le pauvre et bon Chugnard, condamné au bagne pour des faux commis par le baron Miérindel, accablé pour avoir voulu, tardivement héroïque, déjouer les canailles embûches tendues à son petit Flamboche...

Livre ardemment coloré, où l'argot pimente le lyrisme, où les phrases, souvent, oscillent entre la virulence et le tarabiscotage ; livre où les canailles sont plus canailles que nature ; livre amusant en diable. J'allais dire qu'à chaque page, à chaque ligne, sous le romancier perce le poète, quand ce jugement de M. Armand Silvestre me tombe sous les yeux : « J'ai presque envie de reprocher à Jean Richepin d'avoir trop laissé abdiquer le poète que j'aime en lui, dans la forme de son *Flamboche* qu'il a évidemment écrit avec la préocupation d'être uniquement un prosateur »... Il est bien certain que le critique littéraire du *Journal* s'y connaît mieux que moi, et je n'ai plus qu'à me taire.

Tout ce que je puis ajouter, c'est qu'il y a, dans cette prose, bien assez de poésie pour mon goût.

Le « Richard Wagner » de H.-S. Chamberlain

Aucun artiste de notre époque n'a su, à l'égal de Richard Wagner, exciter l'intérêt, pour ne pas dire l'admiration de tous. Il n'en est pas autour de qui le conflit des opinions se soit donné aussi puissamment carrière. Sa mort n'a pas endigué ce flot de littérature, toujours montant, et qui gagne de proche en proche. Chaque année la foule des pèlerins qui se pressent aux représentations de Bayreuth ou de Munich s'augmente de nouveaux fidèles, et l'heure sonnera bientôt où les esprits cultivés du monde entier s'uniront dans une vénération commune pour saluer en Wagner le plus grand musicien de tous les temps, et le novateur par excellence de l'art dramatique.

Cependant, nous ne connaissons que bien imparfaitement la vie, la carrière, et surtout l'évolution psychologique de ce dernier né parmi les grands hommes de l'Allemagne. Des malentendus, des erreurs, des mensonges même se sont propagés depuis cinquante ans, cherchant à obscurcir la lumineuse figure de Wagner, à créer un courant de légendes savamment haineuses. La rancune des médiocres est tenace !

Malgré la quantité prodigieuse d'écrits consacrés à ce grand homme, un livre manquait encore, qui pût présenter d'une façon concise et pourtant complète, en même temps qu'accessible à tous les œuvres, les écrits et la doctrine de Richard Wagner ; un livre qui ne fût pas seulement une énumération de dates biographiques, ou une étude critico-musicale du compositeur ; un livre, enfin, capable de mettre en lumière cette personnalité puissante dans toutes les phases de son évolution, de faire comprendre son caractère, sa signification, et son influence sur notre propre développement intellectuel. Ce livre vient de paraître, sous la signature du plus profond des commentateurs du Maître, j'ai nommé Houston-Stewart Chamberlain.

Je compte étudier, dans *La Critique*, avec tout le soin requis, ce magnifique ouvrage qui sort à peine des presses du très artistique

Hugo Bruckmann. Mais dès aujourd'hui, sans attendre, il me plaît d'en prôner l'exécution splendide et la merveilleuse documentation iconographique. Mme Cosima Wagner a étalé devant l'auteur les trésors conservés à Wahnfried sans qu'aucun Fafner les défende; gravures presque inconnues, manuscrits inédits, souvenirs de toute espèce, M. H.-S. Chamberlain a tout tenu dans ses mains pieuses, — sans préjudice des richesses qu'ont mises à sa disposition le Roi de Bavière, les intendants des théâtres et Munich de de Dresde et divers amis de Richard Wagner. Portraits de F. von Lenbach Herkomer, Ingres, etc., dessins de Hendrich et de Kæmpffer, vignettes de Frenz, innombrables fac-simile de partitions et de manuscrits, morceaux de musique hors texte, index complet (dressé pour la première fois) de toutes les œuvres de Wagner, table détaillée des noms et des faites, etc. etc. Voilà ce qu'à première vue on aperçoit en feuilletant cet admirable volume, fruit d'un labeur immense, et que, seul, pouvait mener à bien l'érudit commentateur, le fidèle dépositaire de la pensée wagnérienne, celui qui sait réunir aux mérites de l'exactitude la plus minutieuse les dons de la plus puissante originalité.

Simple histoire

Parlant de quelques-unes des nouvelles réunies sous ce titre, *Simple Histoire*, M. Georges Pellissier semble craindre qu'on ne vienne à les trouver peut-être « un peu trop simples ». Il peut quitter ce souci ; car cet « on » hypothétique ne saurait être qu'un « on » gâté par la lecture des romans-feuilletons, sensible seulement aux déboires des honnêtes ouvrières violées par des marquis, bref, un « on » de jugement tout à fait négligeable.

Certes, il faudrait tenir en médiocre estime littéraire quiconque ne serait pas capable d'apprécier « la fidélité caractéristique, la précision pittoresque, la justesse pénétrante du sentiment alliée à un tact exquis dans l'expression » tous les mérites si peu communs

constatés dans le livre de Paul Marguerite par le judicieux biblio-
graphe de la *Revue bleue*.

A toute autre, peut-être, je préfère la féerique histoire « Poum
et le zouave » dont j'ai lu la dédicace avec un étonnement ravi ;
elle est si fine, la silhouette du gentleman de huit ans, friand de
tartines et gobe-la-lune, tarabusté par un méchant enchanteur en
culotte rouge et en chechia, jusqu'à la venue du bon génie redres-
seur de torts à ses moments perdus, et colonel de zouaves le reste
du temps...

Paul Margueritte aime les chiens : le Rhamsès gris, tout d'argent
sous la lune, dont les yeux trop intelligents regardent Jeannie, nue,
s'ébattre dans la fraicheur de la cascade, si perspicaces, si humains
qu'ils inquiètent la jolie baigneuse ;

l'admirable dogue d'Ulm, souple et féroce, poignardé par M. de
Feul ;

et même Trim, le gros chien mouton capricieux, qui met une
malice diabolique à enchevêtrer sa laisse autour des jambes du petit
Pierre pour le faire tomber.

Il aime les chats : Boule-de-Neige, le matou en toute puissance,
dont les frasques amoureuses font rougir M{ue} Mitaine sa maîtresse ;

et cette jolie Houpette, ainsi nommée à cause de sa robe
blanche, floche et lisse comme une houpe à poudre en duvet de
cygne.

Il aime aussi, tendresse plus rare, les mendiants : « l'Homme
altéré » dont les yeux de vieille eau bleue ont cet honnête aspect
des rôdeurs qui ne sont pas de mauvaises gens ; le père Potet, qui
sarcle les allées tristement, patiemment, pendant des heures ; le
vieux vagabond, blanc de poussière, pâle de peur devant l'assaut
d'un dogue furieux, et dont la barbe, d'un mouvement mécanique,
tremble sur la poitrine ; l'épileptique recroquevillé sur le talus, les
cuisses et les coudes serrés, le dos bas, dans un écrasement de
détresse ; et les pauvres diables que moleste le gardien du Luxembourg pour ce qu'ils se sont endormis sur un banc du jardin, par
mégarde.

Je ne saurais assez dire combien cette tendresse pour les loque-
teux me touche, particulièrement méritoire chez le raffiné qu'une
menotte d'enfant aux ongles rongés énerve jusqu'au malaise ; Paul
Margueritte s'apitoie à plein cœur sur le corps resserré en lui-

même d'un malingreux « pauvre escargot de chair », et ses jeunes hommes, sensitifs à l'excès, se dégoûtent d'un corps féminin, jeune et soüef, pour un cor aperçu au petit doigt de pied de tite chérie. Est-ce que les femmes, gronde l'un d'eux, ont le droit d'avoir ces bobos-là !

Pour finir, une querelle d'allemand ! Dans « Un mauvais moment » il est question d'un malheureux voyageur enwagonné avec un fou qui le terrorise, entre Laroche et Joigny « pendant une heure ». Le trajet dure 15 minutes à peine. Il faudra remplacer Joigny (p. 99) par Montereau, quand on tirera une seconde édition, ce qui ne tardera pas.

Sous la fenêtre

Aux récents volumes, capteurs du succès, qui s'envolent revêtus de son heureuse firme,

celui où Bill Sharp qui la connait *Dans les coins* sut enclore ses verveux chefs-d'œuvre, faits de grâce preste et de toujours littéraire nonchaloir ;

les *Bleaux* où Michel Corday affirme, au même degré que dans *Femmes d'officiers*, ses dons d'observateur doucement ironique, d'écrivain cursif, d'amusant conteur ;

les révélations effroyablement indiscrètes de Pierre de Lano sur *l'Amour à Paris* tels que le comprenaient les cocodès du second empire (ô ces lettres au marquis de Massas !)

le désopilant album militaire (anti-militaire, plutôt) destiné à immortaliser les *Campagnes* d'Albert Guillaume, ce Raffet à la coule ;

à ces livres de gaîeté chatoyante, Simonis-Empis, qui sait la valeur des contrastes, résolut d'élire un morne repoussoir gris-poussière : Paul Brulat fut choisi, à qui, malicieux, l'éditeur conseilla le titre *Sous la fenêtre*, ironiquement adéquat à ces idées indigentes, à ce style geignard qui a toujours l'air de demander un sou.

L'ineptie de ces chroniques enfilées bout à bout attendrirait sans leur prétention, dirai-je crevante... On n'est pas plus coco, on n'est pas plus bouffi. Ce Montesquieu revu par Homais, y va, lui z'aussi, de ses *Lettres persannes*, à l'usage des penseurs qui manillent dans les estaminets de sous-préfectures : il nous dit les instructifs étonnements d'un sauvage — « comment peut-on être sauvage ? » — qui s'effare devant les lenteurs du Parlement et les rapidités de la Correctionnelle ; il oppose au luxe de la belle Otero, la dèche d'un poète qui, sur un banc des Champs-Elysées, « grelotte », sans se souvenir que, quelques lignes auparavant, le temps est déclaré « très doux » ; il narre de frissonnants coups de baccara :

J'attendis que le banquier eût passé trois fois, puis, croyant le moment propice, j'exposai mon louis sur le tapis. Le banquier abattit (a) sept, nous n'avions que cinq, j'étais perdu... Alors j'avançai (b) mon louis du bout de l'ongle... enfin je fis le coup de la poucette. On me rendit dix francs, etc.

Il nous révèle le vieux travailleur dont la gosse devient fêtarde, tragique antithèse que La Rochefoucauld (si ce n'est lui c'est un confrère) a résumée en cet axiome : « Souvent un homme de peine engendre une fille de joie. »

Et le style !

« Il reprit, d'une voix si sourde qu'elle semblait sortir du plus profond de ses entrailles... » — Le pétomane, alors ?

« Le souffle de la jeune femme devenait plus rapide, sa poitrine se soulevait davantage sous les battements, de plus en plus précipités de *son* cœur. Au premier baiser elle tomberait dans *ses* bras. »

S'embrasser soi-même, pas commode !

Puis, cette confidence diurétique :

« C'était Gabrielle, la petite brune, qui cascadait (*sic*) sous la table », Fi, la sale !

N'insistons pas. Parmi ces histoires cotonneuses, une seule se tient à peu près, *Le Raté*, sans doute une autobiographie.

(a) Il a du culot, ce banquier, d' « abattre » sans avoir 8 ou 9 !

(b) O candeur ! un grec « avance » sa mise quand la banque perd, mais le tricheur de M. Brulat doit, lui, « reculer » son louis, qui, partagé par la ligne tracée sur le tapis vert, ne « va » plus que pour moitié.

Les Jeunes

Une petite revue de périodicité fantaisiste, rédigée par des « Jeunes » de tout âge, affirme que, dans les études et portraits étiquetés *Les Jeunes*, l'iconoclaste René Doumic marque son « mépris » et aussi son « incompréhension » des écrivains qui appartiennent à la génération venue au monde pendant l'espace de ces dernières années.

C'est un mensonge.

L'auteur des *Écrivains d'aujourd'hui*, critique d'une lucidité rare, d'une impartialité plus rare encore, n'a pas hésité à formuler les jugements que voici :

Paul Hervieu, d'un talent « à la fois âpre et raffiné... »

Huysmans, dont le « très curieux et très remarquable *En route* a une réelle valeur d'art. »

Maurice Barrès, qui, « avec son livre (1), d'un art très personnel, reste dans la meilleure tradition française. » (De la part du classique Doumic, nulle louange n'est plus belle).

Léon Daudet a « de l'imagination, de la vigueur et du style. C'est quelqu'un. »

Henri Lavedan « au don de la justesse et de la pénétration joint la légèreté et le brillant de l'expression, la verve comique et l'ironie. »

De François de Curel « doué de très pénétrantes facultés d'analyse, l'imagination romanesque se traduit par des images saisissantes ».

N'est-ce pas sainement pensé, et exprimé nettement ? J'accorde,

(1) Toute l'étude consacrée à la glorification de l'énergie intitulée par M. Maurice Barrès *Du sang, de la volupté et de la mort*, me paraît une manière de chef-d'œuvre ; je me permettrai pourtant d'en contester non la conclusion, mais les citations sur lesquelles elle s'appuie. A dessein de prouver que Wagner « glorifie l'impulsion naturelle », exciper de *Parsifal*, hymne sublime à la souffrance expiatoire, c'est au moins paradoxal !

d'ailleurs, que l'on peut différer d'opinion avec mon ami Doumic, par exemple quand il stigmatise chez les Rosny « la complète absence du sentiment de la forme », ou quand il trouve « plus de tendresse que de force » dans les poèmes du puissant Vielé-Griffin, ou encore quand il turlupine Mæterlinck de qui le drame *Pélléas et Mélisande* lui semble « *L'école des femmes* dans le cadre d'un opéra de Wagner » — définition injuste, mais charmante tout de même...

Aux jobards échauffés qui pensent avoir tout dit, quand ils ont traité René Doumic de « réactionnaire » je conseillerai la lecture des pages où l'auteur, parlant de la tentative des jeunes poètes, indique avec une netteté lumineuse comment la conception de leur poétique, très différente du lyrisme romantique et de l'objectivité parnassienne, légitime et même exige une réalisation fondée sur une technique absolument différente, et qui ne saurait se passer de profondes modifications formelles. Comme ce prétendu réaction-naire préfère les poètes d'aujourd'hui, la persévérance et la conti-nuité de leur effort, aux écrivains de théâtre, contraints d'être très conservateurs par les conditions mêmes de leur art « qui a fait son temps » ! Et comme, après cela, je le trouve en droit de blaguer les Jeunes aux tempes grisonnantes qui refusent de trahir leur rêve en le traduisant, les penseurs qui auraient révolutionné le monde s'ils l'avaient voulu (lanturlu), les nouvelles couches qui sont de fausses couches.

Les « Sur-Humains »

La place de philosophe rhétoricien et de rhétoricien philosophe, vacante depuis la mort de Guyau, revient de droit à M. J.-B.-J. Izoulet-Loubatières, puisque seul parmi nos contemporains, il tient encore à honneur de ne rien comprendre à l'ordre du monde. Les préoccupations de l'heure présente, celles qui conduisirent à travers Rome deux hommes comme MM. Brunetière et Zola, penseurs à la vérité d'une envergure quelque peu différente, ont amené M. Izoulet à rechercher et à faire connaitre quelques esprits capables de jeter à la fois le discrédit et le ridicule sur ceux qui veulent découvrir partout des causes et des évolutions. Ni Carlyle, ni Emerson, qu'il a choisis à cette intention, ne méritaient d'être ainsi mésestimés. Mais c'est là le moindre reproche que j'aie à faire à M. Izoulet.

Une erreur plus grave et plus difficile à tolérer consiste à confondre Nietzsche et Emerson. Cette erreur, M. Izoulet l'a commise au point de traduire « *The Representative men* » par « *Les Sur-humains* ». Le « superhomme », quoique vous en pensiez, cher Monsieur, n'est nullement objectif ; c'est une conquête de l'homme sur soi-même, en dehors de la pensée, une folie de vertige, et ce n'est pas Nietzsche, non plus qu'un poète, qu'il faut piller pour découvrir « *des idées générales* ». Emerson, au contraire, est le philosophe de l'âme habituelle, le penseur « des jours ordinaires », et si la connaissance de ceux qu'il nous désigne et qu'il étudie comme les représentants de l'humanité, nous conduit à une conclusion, c'est que ces prétendus « Sur-Humains » ne sont guère différents de la pauvre moyenne de leurs semblables.

Cette inintelligence de la pensée d'Emerson, M. Izoulet l'a encore aggravée par la lourdeur de sa traduction. Certes, celle-ci est infiniment moins mauvaise que les précédentes et certains passages sont même d'une remarquable venue : mais c'est sans doute à MM. Firmin Roz et Baret que nous sommes redevables de ces progrès un peu inattendus. Malgré leur précieuse collaboration, il reste dans le livre de M. Jean Izoulet, philosophe lyrique, de nombreuses taches et trop souvent du pur galimatias : il n'est pas rare d'y trouver des mots tels que : *inutilisabilité, découvreur, inexpressibilité, vividité, immortabilité* ; ceux-là, n'en doutez pas, ne sont pas de M. Firmin Roz, de qui j'ai lu autrefois dans l'*Art et la Vie* de très intéressantes et très fines études sur Schumann. M. Izoulet en est, pour lui emprunter un de ses coquets néologismes, le « découvreur » responsable, car il ignore que le sens d'une phrase jaillit du jeu des mots et non de leur alignement ; par là, sa traduction, pour être littérale, n'en est que plus faible.

Je ne crois pas utile de parler plus longuement d'Emerson à propos de ce livre. Ce serait d'ailleurs assumer une tâche bien lourde, après la remarquable préface de M. Maeterlinck qui consacra la traduction des *Essais*. Je ne saurais trop en recommander la lecture : la grande figure d'Emerson y apparait en pleine lumière et l'on y trouvera quelques-unes des choses les plus admirables qui aient été dites.

Bêtes et Gens de Lettres

Sous une papillotante couverture où, colorié par Steinlen, le svelte Docquois, ses gants dans la main droite, écrit de la senestre les réponses des animaux — cagoinces, matous, gorets, etc. — qu'il interviewe, l'auteur de *Bêtes et Gens de Lettres*, que je persiste à ne pas croire gaucher, réunit les pages auxquelles, fort adroitement, il sut donner l'allure de chapitres d'un petit roman de la vie vraie, comme l'en félicita l'ermite roux de La Hulpe.

En ce livre un peu narquois sont portraicturés maints animaux illustres, ou qui mériteraient de l'être :

Le chien célébré par Ernest Renan qui, ayant remarqué qu'on faisait maigre chez ses maîtres le vendredi, cachait des os le jeudi ;

Le cabot-gueux-de-marque, joie de Cladel, qui fut béni par Béranger, compissa la culotte gris perle d'Alfred de Vigny et prit Lamartine pour un épouvantail :

Le chat de Courteline pour qui l'auteur de *Boubouroche* compte bien obtenir, le 14 juillet prochain, les palmes académiques ;

Les « seigneurs des toits » chers à Stéphane Mallarmé qui projette de dorer, par pudeur, leur postérieure tonsure nue ;

L'inoubliable Hamilcar — orgueil de la race féline — qui, « d'un bruit de gorge pareil au chant d'une bouilloire » accompagne les platoniciennes dissertations du divin Anatole France.

Docquois vous enseignera encore que Paul Harel rossa magistralement je ne sais plus quelle brute charretière acharnée contre son limonier fourbu (bravo, les gars normands) ! — que Clovis Hugues, pendant une partie de pêche à Saint-Mandrier, rejeta, l'âme émue, les poissons pris par son ami, pour leur permettre de « nager dans ton azur, ô Méditerrannée » ! — qu'Emile Goudeau, obstiné à ne pas payer la taxe afférente aux chiens de luxe et soucieux d'affirmer aux yeux du percepteur la qualité de « chien de berger » de son griffon, acheta un mouton qu'il promena par les rues étonnées d'Asnières.

Mais garde-toi, ami Docquois, de croire Mime un personnage de la *Walkyrie !* Le « Nibelungenzwerg » paraît dans l'*Or du Rhin* et dans *Siegfried*. Point ailleurs.

INDEX

TABLE

St-Amand. — Imp. Em. Pivoteau.

Achevé d'imprimer
Le trente janvier mil huit cent quatre-vingt-seize
PAR
Emile PIVOTEAU
Imprimeur de « LA CRITIQUE »
à Saint-Amand (Cher)

www.ingramcontent.com/pod-product-compliance
Lightning Source LLC
LaVergne TN
LVHW050647090426
835512LV00007B/1073